消防人のライフヒストリー 1

加藤孝一　災害危機管理アドバイザー

燃えて生きる

近代消防社

はじめに

表題の「燃えて生きる　消防人のライフヒストリー・パート１」は、消防専門誌「近代消防」に２０２１年（令和３年）10月から連載中の記事「消防人の群像」から抜粋したものです。この場合の「消防人」は広い意味を持ち、消防職員や消防団員だけには限りません。消防・防災・救急の分野に関わりを持った方々の全てを「消防人」としてとらえ、その生き様や消防の世界との関わり、半生などを紹介したものです。人は十人十色と言われるように、その人物像もその生き様も千差万別ですが、いずれも消防の世界にご縁があった方々ばかりであり、それぞれの道で燃えるような情熱を傾け続けた彼らのライフヒストリーは大いに参考になることでしょう。

本書でご紹介している方々は何十万人、あるいは何百万人もの関係者のごく一握りの方々にしか過ぎません。世の中にはまだまだ知られていないだけで、じつに魅力的な方々やユニークな生き方、あるいは消防人として何ごとかを成し遂げた方々も大勢いることでしょう。そのような方々もご縁があれば是非ご紹介したいものです。

今や人生百年時代と言われています。もしかしたら、本書でご紹介している方々の生き様が読者の皆さんの今後の参考になるかもしれません。人生百年時代のロールモデルとして。

かつて消防の世界は伝統的に男社会そのものでしたが、半世紀も前に女性消防官が誕生し、また現在では多くの女性消防官・消防団員の方々が活躍しています。地球人類の半分は女性であり、その女性の特質を発揮することで消防の世界の可能性も大きく広がってきました。そのような女性消防官のパイオニアの方々の生き様も本書で紹介しております。

本書後半には「消防界の真打ち」として、かつて消防官僚として消防法制を主導してきた次郎丸誠男さんが登場いたします。次郎丸さんは、大災害と消防法制の歴史を知る予防行政の大先達であり生き字引でもあります。その伝説上の消防人、次郎丸さんは「消防は国民の命を預かっている。国民が困ったときに助けるのが消防だ」と述べています。

その言葉通りに、常に国民の信頼と負託に応えるための消防であり消防人でありたいものです。

消防の使命は、「災害等から生命と財産、地域社会を守る」ことであり単純明快、そして世界共通の理念でもあります。それゆえ、消防の世界には国境はありません。

21世紀は大災害の世紀になるかもしれませんが、災害という人類共通の敵と戦うために国境を越えて助け合い、消防の使命達成に努めたいものです。なお本書では、記事が掲載された当時のデータ等で記述されていることをご了承下さい。ご紹介記事とはいいながら、実際には取材したことの何分の1かしか紹介できておりません。本書の取材に快く対応して頂いた皆様方に心から御礼を申し上げます。今回は日本人だけの紹介となりましたが、今後は海外の消防人も含めて可能な限りご紹介したいものです。

人を助ける消防の仕事に国境はないのですから……。

2023年（令和5年）初秋　　加藤　孝一

目次

第一話

災害と闘い続けた「侍大将」―― 市《いち》村《むら》近《ちか》夫《お》さん。

御神火消防署長
市村近夫さん
（府中消防署長時代）

災害と闘い続けた「消防の申し子」

「わが消防人生に悔いなし」。これは、東京消防庁の府中消防署長を務めた市村近夫さんの定年退職時の言葉だ。その言葉の枕には、「皆さんに支えられ、無事に任務を終えることができました」という感謝の想いが散りばめられていた。41年間の消防人生をまっとうした市村さんは、生まれも育ちも東京都大島町（伊豆大島）の元町であった。

伊豆大島は、東京都心から120キロメートル南の太平洋上に浮かぶ伊豆諸島最大の島であり、中央部には、島民が「御神火《ごじんか》様」と呼んで敬《うやま》ってきた標高758メートルの三原山がそびえ、現在も火山活動を続ける。三原山は噴火を繰り返してきたが、その噴火は「御神火」と呼ばれている。

伊豆大島出身の市村さんは、いわば「御神火消防士」ともいうべき存在であり、市村さん自身は少年時代から大災害の洗礼を受けてきた。伊豆大島の土

伊豆大島

石流災害、元町大火の両方を直接体験し、全島避難となった１９８６年（昭和61年）の三原山大噴火の際には、東京消防庁の先遣隊員として派遣され指揮活動全般を担当した。消防退職後、２０１３年（平成25年）台風第26号の記録的大雨により発生した土石流災害で弟さん夫婦を喪《うしな》う悲痛な体験をするなど、災害と闘うことが運命づけられた、正に「消防の申し子」のような半生であった。

　市村さんの誕生日が、その後の波乱に富んだ苦労の多い消防人生を暗示していたのかもしれない。消防法第24条には「火災の通報義務」が規定されているが、市村さんは１９４９年（昭和24年）の生まれであり、24という数字が符合する。「１１９番」は消防への通報番号であるが、市村さんが11月９日生まれであることから１１９番にも符合する。24・11・９は市村さんのマジックナンバーであり、11月９日は「１１９番の日」となっている。市村さんにとって、「消防」は人生をかけた天職そのものであった。

この父母ありてこの子あり

市村さんの半生を語る時、そのご両親の存在と影響の大きさについて触れないわけにはいかない。なぜなら、彼の心の芯柱《しんばしら》は市村松之介・セン夫妻によって作られたと言っても過言ではないからだ。

市村さんは１９４９年（昭和24年）、伊豆大島の元町で市村松之介・セン夫妻の次男坊として生まれた。姉・兄・姉と弟の５人兄弟であった。父親の松之介さんは、戦時中は召集され戦艦長門に乗艦していたこともあり、母親のセンさんは大工の棟梁の娘であった。戦後、５人の子どもを抱えた２人は１９６５年（昭和40年）代に民宿を開業した。戦後の高度成長で大島に観光客が押し寄せた時期であった。

父親、市村松之介さんは筆が立つ人で、曲がったことを許さぬ厳しい面もあったが、一方では情に弱い明治の男であった。その教えは数多いが、その一部を紹介すると次のごとくである。①その時その時の立場を考え「らしく」生きろ。②「人間万事塞翁《さいおう》が馬」の言葉通りであり人生は何が幸せで何が不幸か分からないし予測もできない（だから失敗してもくよくよせず、常に努力すれば「読書百遍意自ずから通ず」であり、必ず結果はついてくる）。母親、市村センさんは、伝統文化を守る面倒見のいい、愛情豊かな母親であった。また、夫婦そろって子煩悩で勤勉であった。

このような両親のもとで育った近夫さんは、消防の基本は「思いやりと心意気」だと感じている。消防人としては「一源三流（1つの源は誠の心であり、その心から3つの流れがほとばしる。国のために血を流し家のために汗を流し友のために涙を流す）」、「義理と人情とやせ我慢」の言葉を胸に刻んで消防人生を生きてきた。

侍大将の豪胆さと細やかな気配り

市村さんと仕事をともにした仲間は、その豪胆な発想と臨機応変な行動に圧倒される。だが、それだけではない。市村さんは豪胆さと同時に気配りの人でもあった。部下に対する信頼と愛情に裏打ちされた接し方や指導は語り草になるほどである。「たった一言が人の心を傷つける。たった一言が人の心を温める」という言葉は彼が心に刻みつけている言葉なのだ。「右は極楽、左は地獄、心ひとつが道しるべ」という言葉も、人を動かすものは人の心でありその心の持ち方の大切さを説いたものだ。消防人としての市村さんは、誰もが認める警防分野（消防部隊の育成指導、活動指揮など全般）の第一人者である。

市村さんは大災害という修羅場を潜《くぐ》り抜《ぬ》けてきた人特有の気迫と、臨機応変な対応、そして良い意味での「したたかさ」を持ち合わせていた。それらの資質を兼ね備えた市村さんは消防という世界の武将・侍大将そのものであった。だがそれだけの人ではない。消防の仲間を一つに包み込む力、消防の戦士たちを大きく育て上げまとめる力は群を抜いて秀でている。まさに、災害という修羅場を仕切る度量と器量の持ち主なのだ。市村さんの消防人生の最終章は、署員３２０名、消防団員４２０名を擁する府中消防署の署長であり、御神火消防士は御神火消防署長として消防の花道を飾った。

市村さんが府中消防署長を定年退職したその日、読売新聞にはその退職を惜しむ記事が大きく掲載された。消防の仕事を愛し家族を愛し、その勤務地と人々を愛した彼は、逆に職場の仲間にも家族にも、そして地域の方々にも愛され信頼され続ける消防人であった。

大島元町大火（1965年）

THE YOMIURI SHIMBUN

讀賣新聞

2009年（平成21年）

9月30日水曜日

33

多摩

ホテルニュージャパン火災で指揮

府中消防・市村署長きょう定年

府中消防署長の市村近夫さん(59)(立川市砂川町)が、30日付で定年退職する。死者33人を出した「ホテルニュージャパン」(永田町)の火災(1982年)の際は、東京消防庁の総合指令室で消防隊を運用した。ふるさとの伊豆大島・三原山が噴火した時(86年)は、実家の民宿を作戦本部に提供するとともに現地で指揮した。「皆さんに支えられて無事に任務を終え、わが消防人生に悔いなしです」と笑顔を見せる。

市村さんは1949年(昭和24年)11月9日生まれ。数字が消防法24条(119番通報義務)に合っており、「まさに消防の申し子です」と語る。

都立大島高校卒業後の1968年に東京消防庁消防学校に入校。翌69年1月に北多摩中央消防署(現国分寺消防署)を振り出しに消防人生を送り、一昨年4月に府中消防署長に就任した。

ホテルニュージャパンの火災では、宿直中の総合指令室災害監督司令官として都内全域から131隊の消防車両を招集する「第4出場」を発した。当時を振り返り、「仮眠を取る直前に発生し、丸一日働きづめだった。あれだけの犠牲者が出たホテル火災は初めて。二度と起きてほしくない」と語った。

また、品川消防署勤務時代には、火災現場で不審者を放火犯と直感し、警視総監賞をもらった。

消防士としての心構えを後輩たちに伝えたいとの思いから、「右は極楽　左は地獄　心ひとつが通じるべ」や「待て」など10の箴言を作って配った。

府中市の航空写真を前に思い出を語る市村近夫さん（府中消防署長室で）

定年退職を報道する読売新聞の記事

少年時代に体験した土石流災害と大島元町大火

１９５８年（昭和33年）９月26日、大島を襲った狩野川台風による災害では、三原山で発生した土石流の直撃を受け、沢沿いにあった市村家は大破し埋没した。自宅を離れていた父親は土石流の発生を知り、あわてて自宅に戻った。父親は、隣の隠居宅の屋根から閉じ込められていた家族の生存を確認し消防団に助けを求めた。自宅にいた近夫少年たちは座屈した家の中から、消防団員によって救出された。この時９歳だった近夫少年も、兄の重《しげ》生《お》さんと一緒に埋没した自宅から弟の君和さん（７歳）を引っ張り上げて救出している。この土石流災害は死者２名（行方不明者１名を含む）、負傷者53名が発生する大災害となり、元町では55戸が全壊し、49戸が半壊した。

市村さんはまた、中学生の時に「元町大火」を体験している。１９６５年（昭和40年）１月11日23時10分頃、元町の寿司屋から出火した火災は、島特有の季節風（西風）の最大瞬間風速が36・２メートルを観測し、三原山中腹まで燃え上がった。中学３年生の近夫少年は高校生の兄と、消防団の指示で団員が延長したホースと筒先を使用して放水し続けた。市村兄弟は、自宅前の茅葺《かやぶき》屋根に火の粉で着火しないようにと放水を続け延焼を防止したが、それ以外の住宅への類焼を食い止めることはできなかった。また、兄の重生さんは、近所の洋品店のおばあさんを背負って救出し自分たちの家に避難させた。この火災が鎮火したのは翌12日午前６時45分。焼失面積16万５、０００平方メートル、住宅など５８

６棟４２０戸、り災世帯４０８世帯の大火となった。
当時、島内には常設の消防署はなかった。烈風下、巨大な火の粉が飛び交う猛煙猛火の中、大火災の修羅場を体験した近夫少年は、このとき消防の重要性を実感し、将来は消防官になることを決意した。

東京消防庁入庁後最初の10年間

１９６８年（昭和43年）、都立大島高校を卒業した市村さんは東京消防庁に入庁し、９月、消防学校に第４２８期生として入校した。市村消防士（警察の「巡査」に相当する階級）の誕生であった。その翌年1月には、北多摩中央消防署（現国分寺消防署）に配置となり、最初はポンプ隊員として勤務した。市村さんは、初めてのボーナスでパイオニアのセパレートステレオを購入し、ワイヤレスマスクで現場《げんじょう》広報の練習をした。彼は現場広報の重要性を見抜いていて、いかに分かり易く効果的に伝えるか研究を続けた。

卒業配置から2年後、利発で機転の利く気質を見込まれて署長伝令に任命された。伝令は通常は30歳以上のベテランが任命されるもので、新米の消防士が伝令に抜擢されることは異例中の異例であった。この伝令任命は、市村さんの消防人生にとって最初の転機となった。市村伝令は、現場の先読みができる技術を身に付けようと努力した、例えば、延焼中の建物の延べ面積や焼損面積、延焼危険方向などを素早く見抜く方法を、先輩伝令の知

消防学校初任科時代（前列左端）

恵や教え、そして自らの経験則、創意工夫により身に付けていった。

市村さんは拝命の所属で瞬く間に頭角を現した。何をやらせても卒がなく、無線による現場報告と現場広報はピカ一だった。その現場に応じた当意即妙の対応と簡潔な現場報告、報道対応などで３回も署長賞を授与されている。

世話好きで誠実な性格と負けじ魂が作り上げたその人間像は、東京消防庁の機関誌でも「わが署の名伝令」として紹介されている。

北多摩中央消防署での勤務は天祐《てんゆう》であった。先輩署員との縁から、後に市村夫人となる安子さんとの出会いがあったからだ。拝命の消防署でマルチな能力を発揮した市村さんは昇任も早かった。１９７３年（昭和48年）８月には消防副士長（警察の「巡査長」相当職）に昇任、その年の12月には第八消防方面本部の多摩指令室に異動となった。翌１９７４年４月には消防士長（警察の「巡査部長」に相当する階級）に昇任した。研究熱心な市村士長は、自信を持って出場指令や無線交信などを担当し、第八消防方面内の「伝令会」を結成した。第八消防方面本部では方面本部長伝令として、狛江市の多摩川決壊現場や奥多摩町の大規模山林火災にも出場した。

当時、東京消防庁無線のコールサインは「消防本部」であったが、これは他の消防本部も同様に使用していた。そのため近隣の消防本部が同一災害に出場すると勘違いや混信の元となった。1979年（昭和54年）に東京湾で発生した「第十雄洋丸」船舶火災の無線交信では、この呼称が混乱を招いた。その後、市村さんは「消防本部」のコールサインを「東京消防」に変更するように方面本部長経由で意見具申を行った。

その結果かどうかは不明だが、その後、東京消防庁のコールサインは「東京消防」に改められ現在に至っている。

放火犯を現行犯逮捕し警視総監賞を受賞

1978年（昭和53年）、市村さんは消防司令補（警察の「警部補」に相当する階級）となり品川消防署に昇任転勤となった。東京消防庁で消防司令補は初級幹部に位置づけられ、28歳の若さでの昇任は稀《まれ》である。

結婚は司令補になってからと決めていたので昇任直後の5月、市村さんは安子さんと結婚した。市村さんと安子さんは、消防官と看護師の共稼ぎ夫婦であり、家庭を持ったことでそれぞれが一層充実した勤務となり、3人の子どもにも恵まれた。その後、長女、梨江さんは看護師、次女の美香さんはブライダルサロンの美容師、長男の駿介さんは理学療法士となり、親子5人が「士（師）」が付く仕事に就いている。市村さんは品川消防署で最初は指揮隊の情報担当、次には指揮担当を務めている。

１９７９年（昭和54年）2月、市村主任は指揮隊の情報担当として出場した火災現場で、なんと放火犯を現行犯逮捕し、警視総監賞を受賞している。

品川区北品川1丁目で発生した簡易宿泊所の火災であった。かつての遊郭を改修した大規模木造建物で、到着時には屋根からも炎が噴き出していた。早朝の火災とあって、宿泊者たちは下着姿で慌てて逃げ出してきた。その中に一人だけ、他の避難者と服装の違う男が階段を降りてきた。その服装にピンときた市村さんは、その男を呼び止めて指揮隊車に連れて行き、「なぜ一人だけ作業服を着ているのか」と聞いたところ、その男は「煙草《たばこ》を1本吸わせてくれ」と言い煙草を一服つけると「自分が放火した」ことを自供した。情報担当の市村さんは、どこに何を使って放火したのか、放火に使用したライターがあるのかなどを聞いた上で、放火犯に間違いないと判断し、「放火の現行犯で逮捕する」とその男に告げた。近くにいた警察官に、現場を仕切っている警察幹部を呼ぶように伝え、責任者の警部が来ると、指揮隊車に入れて放火犯の供述を聞かせ、男の身柄を引き渡した。現行犯逮捕の際には、現場責任者の警察幹部に身柄を引き渡すことがポイントである。男は暴力団構成員で金沢刑務所を出たばかりであった。その後、市村さんは警視総監賞を受賞したが、消防官が火災現場で放火犯を見破り、現行犯逮捕した事例として新聞などでも報道された（刑事訴訟法第２１３条、現行犯人は、何人でも、逮捕状なくしてこれを逮捕することができる）。

ホテルニュージャパン火災……市村親分の先読み部隊運用

市村さんは品川消防署で３年勤務したのち、１９８１年（昭和56年）11月には警防部総合指令室に異動となり６年間勤務した。東京消防庁では、総合指令室が都内の１１９番通報を受信し、多摩指令室が多摩地域の１１９番通報を受信している。消防司令補は、指令室員の後方の災害監督台から、指令室員の対応を監督する役回りである。

１９８２年（昭和57年）２月８日、日本の火災史に残るホテルニュージャパン火災（死者33人、重軽傷者32人）が発生した。同日午前３時39分10秒、最初の１１９番を入電した。第１報はホテルの近くを走っていたタクシー運転者からの通報で、市村さんはその時間帯に、災害監督台で７台の１１９番受付指令台をモニターしていた。

タクシーの運転手からは「港区赤坂２丁目付近のホテル」との通報であったが、市村さんは「赤坂２丁目、ホテルニュージャパン」として指令させた。運転手は赤坂２丁目の公衆電話から通報しており、そのホテルは千代田区内にあるホテルニュージャパンだと推測できた。市村さんは深夜の仮眠時間帯に「静から動への切り替え」を狙って、全消防署に一時的にそのように出火報を流させた。市村さんは最初の通報から１分後には「千代田区永田町２丁目ホテルニュージャパン」に火点訂正を行うと同時に、自らの判断で第２出場と救急特別第２出場を下命した。

この第１報を受信したのは、坂井光という優秀な消防副士長であった。彼は市村主任の出場指令にびっくり仰天した。なぜなら、第2出場など上位の出場態勢の増強は、現場に最先到着した中隊長あるいは大隊長の要請によってなされるものであったからだ。先着隊がまだ現場到着しておらず応援要請もない段階で、災害監督台の市村主任が、現場の状況を先読みして自らの判断で第2出場と救急特別第2出場を同時に指令させたことに、坂井副士長は驚いた。「市村主任、現場を見ていない指令室で第2出場をかけたら幹部に叱られます」と意見具申した。だが、市村さんはただ一言「今ここにいる幹部は俺だ！」と言い切った。その自信と気迫に圧倒され、坂井副士長はもう何も言わなかった。

　市村さんの読みは現実のものとなった。結果的にこの火災は消防総監が指揮する最高位

ホテルニュージャパン火災（1982年）

ホテルニュージャパン火災発生当時の指令室

の第４出場が指令され、空前絶後の１３１隊が出場した。

坂井副士長は、その後親の面倒をみるため退職し、九州の実家に戻った。彼は市村さんのことを親しみと敬意を込めて「親分」と呼ぶ。「幹部はおれだ！」と言い切った市村さん。多くの同僚や後輩は今でも市村さんのことを「親分」と呼ぶ。市村さんは実際に度胸の据わった親分肌の人なのだ。

三原山大噴火と溶岩流を堰《せ》き止めた消防活動

１９８６年（昭和61年）11月21日の夕方、大島の三原山で大規模な二次噴火が発生した。11月15日に噴火して以来、小康状態であった御神火様「三原山」の大噴火であった。巨大な噴煙や火柱が上がり、割れ目噴火が発生するとともに地震も頻発し、住民の不安を掻《か》き立てた。同日深夜から翌朝にかけて、全島民約1万人の島外避難が行われた。東京消防庁では、21日に「伊豆大島噴火災害支援本部」を設置し、溶岩流の冷却活動、山林への延焼阻止活動、危険排除活動、水利調査などの諸活動を12月20日まで実施した。東京消防庁の支援隊員30人のうち、市村さん以下９人が大島出身の「御神火育ち」と朝日新聞に大きく報じられ、異例の帰島任務となった。

市村さんは派遣部隊のコーディネーターを務め、市村さんの実家の民宿は作戦本部兼隊員の仮眠所となった。市村さんは、元町地区に迫っていた溶岩流の位置確認や、町役場、

三原山の大噴火（1986年）

地元消防本部などとの連絡、水利の確保、放水活動に当たっている隊員への無線指示など、寝ずの活動となり3日目に3時間仮眠をとるといった状況であった。市村さんは故郷大島のためには、「溶岩流に負けない気迫、熱血で闘うしかない」と腹を括《くく》り、できることは何でも担当した。

また、市村さんたち派遣隊は、火山学の権威である東京大学の荒牧重雄教授とともに溶岩流の先端を確認し、教授の助言を受けながら溶岩流を堰《せ》き止めるための放水を開始した。消防隊の放水で固着したかに見える溶岩流だが、それを確かめて東京都庁に報告する必要があった。

溶岩流は幅約80メートルもあり、溶岩流の黒くなった表面を派遣隊の福島隊長と市村小隊長の2人で渡った。溶岩流の内部は赤熱状態で、熱電対で測定すると約９８０度もあり、溶岩が崩れて足が中に入ったら助け出すことはできない、命がけの溶岩流の渡り歩きであった。2人が溶岩流を無事にわたり終わるまでを近くの樹上から広報課員がビデオ撮影し、その映像を待機していた消防ヘリで東京都庁の庁議に間に合うように届けた。

市村さんたちが溶岩流を無事に渡り歩いた映像と荒牧教授のコメントにより、東京都は溶岩流の流れが止まったと判断し、1か月近くにわたる島民の避難指示は解除された。

消防司令として消防署や方面本部、警防部に勤務

市村さんは40歳の時に消防司令（警察の「警部」に相当する階級）に昇任し、東京・北区にある滝野川消防署、第９消防方面本部、警防部警防課に勤務した。消防司令試験に合格し昇任異動することが予測されていた時に、警防部の福島副参事から「将来のためにも大学に通学した方がいい」と強力に発破を掛けられた。副参事は大学の入学願書まで取り寄せてくれたのだ。市村さんはそれ以降、副参事のご厚意に応えようと、受験勉強を開始し大学の入学試験に合格した。１９８９年（平成元年）４月、司令昇任し滝野川消防署に異動すると、勤務のかたわら専修大学経済学部の２部に通学、出張所長や消防係長兼大隊長の職務をこなしながら４年で卒業した。

市村さんは大学通学中にも、職務を通じて管内の人々と稀に見る極めて良好な関係を築き上げた。所長を務めた三軒家出張所では、所員５組の仲人を引き受け、活気のある出張所、やる気のある所員を育てたのが市村親分であった。誌面の都合ですべてを紹介できないのが残念だが、相当の成果、足跡を残した実力派の消防司令であった。警防部に異動した１９９６年以降は実に多忙な日々であった。市村さんは警防課計画係長や消防係長（課長補佐）となり、警防本部指揮隊長として東京都全域の災害に対応した。長野オリンピック派遣、ロシアのエリツィン大統領と橋本龍太郎首相の神奈川県川奈会談の救急ヘリコプターの待機調整、超高層消火ヘリコプター制作事務局担当、消火ヘリ消火戦術作成、赤バ

イ隊の企画と発足、インドネシア山林火災に対する国際緊急援助隊の副隊長としての派遣、沖縄サミット消防特別警戒計画の作成担当、消防大学校・消防学校の火災戦術講師を務めるなど、多忙を極めた。

インドネシア森林火災では国際緊急援助隊副隊長として活動

1997年（平成9年）10月22日、市村さんは国際緊急援助隊専門家チームとしてインドネシア共和国の森林火災（約30万ヘクタール焼損）に派遣された。東京消防庁からは野澤副参事を筆頭に、市村課長補佐以下19名が派遣された。

市村さんは、横浜市、名古屋市、大阪市の各消防局からの派遣を含む総勢43名の消防部隊の副隊長に任命された。

市村さんは、異なる消防機関の合同チームが心を一つにして活動できるようにと考え、43名全員の隊員名簿を記憶した。出発前日には、東京消防庁の麹町研修所で、派遣隊員全員の自己紹介を行い、派遣先での呼び方や行動統制事項などについて全隊員に指示したことから、心を一つにして出発することができたという。

インドネシアの森林火災は消火が困難な泥炭層での火災であり、専門家チームは日本から持ち込んだ消防ヘリ2機で上空から赤外線カメラによるモニタリングを行い、合計54回の飛行を通じて26か所のホットスポットを特定した調査表を作成し、インドネシア政府に報告した。この調査報告書は高く評価され、インドネシア政府の火災鎮圧の手引きとなった。

滞在中の環境は過酷であった。40度を超える炎天下、20度以下の冷房、飲むことができない水道、激辛の食事に急に襲って来る腹痛と下痢など、1人の落伍者もなく最後まで任務が全うできたのが不思議な状況であった。

インドネシア森林火災での調査飛行（1997年）

インドネシアでは毎朝、人員点呼により体調など異常の有無の確認と体操を行っていた。11月6日の朝、人員点呼が終わった直後のことだった。市村副隊長は「大阪の田島隊員、一歩前へ出ろ！」と指示した。田島隊員は、自分一人だけが指名されたことから「何か叱責されるようなことをしたかな」と不安げな表情を浮かべ一歩前に出た。すると市村副隊長は彼を自分の横に立たせて、「今日、11月6日は田島隊員の33歳の誕生日だ。本来ならば田島隊員は自宅で誕生パーティをやっていただろう。この戦場に来てパーティはない。だから今日の誕生日を記念して体操の指揮をとれ」と言ったのだ。田島隊員は感激のあまり涙ぐみながら体操の指揮をとった。このエピソードは、市村さんが常々、口にしている「消防は義理と人情の世界」「たった一言が人の心を温める」という言葉を体現したものであったのだろう。仲間の一人ひとりを大切に扱い、オールジャパンのフルパワーで活動したいという気持ちの発露でもあった。

消防司令長として各消防署で勤務した7年半

　市村さんは、東京消防庁を代表するほどの実力派の消防幹部だった。だが、それがいつも正当に評価されるわけではない。努力や実力が評価されないことは、どこの組織にもあることだろう。市村さんは、時には「木を見て森を見ない」タイプの上司の下で勤務することもあった。市村さんは「木もみるが森をみることに徹した」人であり、業務指針や考え方が消防本来の使命や姿勢から逸脱していると感じられれば、上司に意見具申をすることもあったようだ。

　上司にとって、実力があり正論を述べる部下は目障りなこともある。内定していたはずの海外派遣の話が立ち消えになったこともあったようだが、彼は何も語ろうとしない。

　1999年（平成11年）8月、市村さんは消防司令長（警察の「警視」に相当する階級）に昇任し町田消防署警防課長に任命された。その後は、杉並消防署予防課長、北多摩西部、調布、上野の各消防署の副署長を務めた。市村さんほどの実績と能力があれば、東京消防庁の警防部などの課長職を務めてもおかしくはなかったはずだが、その機会はなかった。だが、市村さんは常に与えられた立場で、最大限の努力を惜しまなかった。自らの仕事と担当職務を愛し、その地域の人々と仲間を愛し信頼関係を築くことが、常に最優先事項であった。今でも市村さんが勤務した消防署には彼のファンやその人柄を慕う職員が多い。市村さんが、部下を守り組織を守る誠実で裏表のない管理職であったからだろう。

　市村さんが大切にしている言葉、「一源三流」。至誠の心で正しく血と汗と涙を流すことは、「まじめに仲良く一生懸命」な組織をつくることに通じる心でもあったのだ。

消防人生の最終章は府中消防署長であった

　市村さんは２００７年（平成19年）４月１日、消防監（警察の「警視正」に相当する階級）となり第31代府中消防署長に就任した。府中消防署は、東京都府中市を管轄下に置く大型消防署で、当時は署員３２０名、消防団員４２０名で約27万人市民の生命と財産を災害から守っていた。１消防本部にも匹敵するほどの消防体制である。

　市村さんは府中消防署長として、行政機関トップが交流する「六地蔵会」を発案し立ち上げた。「六地蔵会」の名称は、府中警察署長公舎角の空地に６体のお地蔵さんが祀られていたことから付けられた。地獄から天国までの道中には、案内役として６人のお地蔵さんがいるという。「六地蔵会」のメンバーは府中市長、市議会議長、消防・警察・自衛隊担当の副市長、府中消防署長、府中警察署長、航空自衛隊府中基地駐屯地司令の面々であった。府中市行政のトップと制服組織のトップが交流を重ね、「顔の見える関係」どころ

六地蔵会研修（府中消防署長時代）

住宅用火災警報器設置促進ローラー作戦出発式
（府中消防署長時代）

か「顔なじみ」になり、組織間の連絡調整は非常にスムーズであったという。

また、消防団との関係も良好であった。そこには市村署長流の細やかな気遣いがあった。何かの会合や懇親会の席上で市村署長が挨拶を述べる時には、「府中消防署、消防団員総勢800名が一丸となって27万市民を全力で守ります」という力強い言葉を付け加え、消防団長以下、団員と公的にも私的にも交流を深めてきた。市村署長は、どんな災害があろうとも、事故が発生しようとも、これを収める組織は東京消防庁であると自負していた。誰もが生き生きと働ける活気ある職場作りと精強で頼りがいのある消防・救急救助部隊の育成を重点施策とした。常に市民を災害から守る消防戦士として威風堂々、毅然とした態度で振る舞うことの大切さも訓示のたびに署員に徹底した。

市村署長は、ただ黙々と仕事をするだけが消防のやり方ではないと考え、様々な消防情報を積極的に外部へ発信した。年間１００件の新聞やテレビなどへの投稿を目標として、最高で１０８件を記録した年もあった。府中消防署のイベントや活動、地域防災キャンペーンなどは絶えずマスコミでも紹介されたことから、広く市民にも知れ渡るようになった。正に御神火消防署長の面目躍如であった。

市村さんは２００９年（平成21年）９月30日に消防正監（警察の「警視長」に相当する階級）に昇任し、41年間勤務した東京消防庁を定年退職した。その後は、ＪＲ東日本東京駅の関連会社に勤務し、さらに消防学校に災害史安全教育室を立ち上げ、その統括専任講師を務めた。市村さんは、永年の顕著な功労事績により平成27年春の第24回危険業務従事者叙勲で瑞宝双光章を受章している。また、現在もなお消防基金の指導員としてリクエストに応え、全国の消防団員の指導に当たっている。

叙勲伝達式にて市村近夫・安子夫妻
（2015年（平成27年）５月11日）

弟さんご夫婦が巻き込まれた土石流災害

２０１３年（平成25年）10月16日、台風第26号が関東地方に接近した。この台風による記録的な大雨により大島で土石流が発生、死者・行方不明者39人の大惨事となった。犠牲者の中には、市村さんの弟さん夫婦（市村君和さん・初美さん）が含まれていた。この土石流災害は、大島町のずさんな危機管理態勢が問題となった人災であった。

大島では土石流災害は初めてではない。前述のように市村さんは１９５８年（昭和33年）、９歳の時に狩野川台風で沢沿いにあった自宅が全壊した経験をしていた。この時の苦い教訓は、今回生かされることはなかった。

事前に繰り返し気象庁や東京都から災害発生の危険情報が流されていたにも関わらず、避難指示などの発令は一切なかった。すべてが後手後手に回ってしまい、禍根を残した大島町役場の災害対応であった。突然の土石流に襲われた人々は避難することもできなかった。弟さんたちはおしどり夫婦で、妻の初美さん（53歳）は元ミス大島で明朗快活な性格で、君和さん（61歳）は東海汽船

2013年の土石流災害の現場で被災者をいたみ敬礼する消防隊員

大島工場長を務め、涙もろくて情にも厚く、地域の誰からも愛される人柄であった。

殉職した仲間をいつまでも忘れない

市村さんが品川消防署に勤務していた当時の部下に酒井俊明さんという消防士がいた。彼はその後、消防司令補の時には第二消防方面本部消防救助機動部隊の救助特化小隊長として活動していた。その酒井隊長が２００２年（平成14年）５月７日、大田区京浜島の清掃工場火災の現場での活動中に火災状況が急変し殉職した。危険な状況になったために、酒井隊長は部下隊員に退避命令を指示したが、その直後に自らは全身に強烈な熱気を浴びて殉職したのであった。故酒井俊明消防司令長、享年47歳。彼のお墓は神奈川県の逗子市内にあり、市村さんと仲間約20名は毎年５月７日の彼の命日かその前後のお墓参りを欠かしていない。

　彼らは品川消防署で酒井さんと寝食をともにした同じ大隊内の仲間たちばかりなのだ。酒井さんと同じ特別救

故酒井俊明さんの墓参りに集まった仲間達

助隊の隊員であった岩下喜晃隊員が連絡調整して墓参りの日時を仲間に伝えている。

それに応じて市村さんたちは酒井さんの墓前に集合する。彼らは墓石をきれいに洗い清めお墓まわりの草むしりなどの掃除をして、ろうそくや線香を立て供物をあげて墓参りを行い、最後に市村さんの発声で献杯をして、かつての仲間に思いを馳《は》せている。

「義理と人情とやせ我慢」という彼の口癖は、単なる口先言葉ではないのだ。かつての仲間が心を込めて、殉職した仲間を忘れることなく慰霊・顕彰し、その人柄や消防人としての功績を語ることで、幽明境を異にしていても、その心は通じ合うことだろう。それは消防人の魂からの行為であり、真心の発露でもあることだろう。

市村署長の置き土産となった「消防申し子　口癖語録」

「初心忘れるべからず」という世《ぜ》阿《あ》弥《み》の言葉がある。市村さんは、消防に入った当時の初心を忘れないために、消防人生の指針として「肝に銘ずる言葉」を心に刻んできた。

それはご両親や先輩の教えであり、自分自身の経験から紡ぎ出された教訓であり、管内の方々や友人から頂いた激励の言葉、さらには書籍などから得た数々の言葉等であった。

こまめな市村さんは、それを手帳に書き留めては機会ある毎に読み返した。それらの言葉は血肉化し消防人生の糧となり、時には戒めの言葉となり、消防魂の原点となった。

市村さんは、自らが愛する消防に勤務した証として、それらの言葉をまとめた「市村語録」のエッセンス（消防申し子　口癖語録）を日本手拭いに染め上げて、退職時の記念として送別会に参加した方々に進呈した。そこには市村さんの消防人生への熱い想いが詰まっているので、参考までにその一部を紹介したい。

一　どんな災害にも逡巡するな
そこに消防署があって良かったと言われる
都民にとって価値のある　勇猛果敢な　活動を
一　待て！
指揮官の基本は　行動を止めること
指揮に迷ったら「待て」の一言
一　三ぼれ精神　事故はなし
仕事にほれろ　任地にほれろ　女房にほれろ
一　右は極楽　左は地獄　心ひとつが道しるべ
全ては　己　次第である
たった一言が　人の心を傷つける
たった一言が　人の心を温める
一　まじめに　仲良く　一生懸命
四十一年間の消防人生
出会った人へ　感謝を込めて　ありがとう！

市村近夫・安子ご夫妻（伊豆大島にて）

おわりに

日ごろ消防官と接する機会のない一般の方々には消防官のイメージは湧きにくいかもしれないが、市村さんの消防人生を知れば知るほど、きっと消防人の心意気や災害戦士としての姿が浮き彫りになることだろう。

毎朝、出勤のたびに「いってきます」「いってらっしゃい」の言葉を交わす家族の光景。その朝の別れが今生の別れになるかもしれない。だが、何があっても家族を守り決して後悔させない。それが市村さんの強い想いなのだ。

市村さんは朝、消防署の門や玄関口に入る前に、いつも持っているカバンを右手から左手に持ち替えていた。「おはよう！　お疲れ様！」と署員に先んじて挙手の敬礼をするためだ。24時間勤務した職員を慰労し敬意を表すことを忘れない。誰をも敬意を込めて大切に扱う。

愛情を持って接し信頼することで絆が深まり、消防人としての規律や仲間意識が生まれ、消防の使命達成につながる。その深い喜びも悲しみも一心に背負い、消防の世界をリードしてきた市村さんは、多くの方々に知って頂きたい人物である。消防の申し子は、ただひたすらに人々の生命と財産を災害から守るために戦ってきた。

市村近夫さんには語りつくせないほどのエピソードや災害活動体験がある。第一話で紹介した内容はごく一部でしかない。詳細については本記事とは別の企画で紹介したいほどの人物である。

大地震の発生が危惧され、地球温暖化の流れの中で巨大な気象災害が頻発している。誰もが自助・共助・公助の輪の中で、来るべき災害に備えるとともに、過去の災害に学び戦える人でありたいものだ。

第二話

消防官から弁護士への転身――増《ます》田《だ》直《なお》毅《き》さん。

弁護士
増田直毅さん

東京消防庁の消防官から弁護士に

「消防に骨を埋《うず》める覚悟でした」。当時を回想して増田直毅弁護士（以下、増田さん）は述懐する。東京大学法学部卒業、東京弁護士会所属の増田さんは、弁護士歴18年のベテランである。

彼は東京都中央区日本橋室町にある「プラッサ法律事務所」のパートナー弁護士であり、弁護士6人を擁する同法律事務所の共同経営者として精力的に活動を行っている。

その彼が、消防とどのような関わりを持っていたのか誰しも気になることだろう。

増田さんはかつて東京消防庁の消防官であった。彼は文字どおり、消防の世界から法曹界に転身した珍しい経歴の持ち主なのだ。

彼は2021年（令和3年）4月に、全国消防長会の顧問弁護士を委嘱されたばかりである。その増田さんの半生と消防とのつながりをご紹介したい。

全国には16万6、867人の消防官がいる（令和4年4月1日現在）。そのOBやOGともなれば何十万人もの数に上《のぼ》るかもしれないが、果たしてこれまで消防の世界から法曹の世界に転身した人は一体何人いたのだろうか。警察官や警察職員から弁護士に転身した人は何人かいるようだが、消防の世界からの転身は聞いたことがない。おそらく、増田さんが消防の世界から法曹界、弁護士への転身第一号ではないかと思う。

最初に増田さんの半生を要約して紹介したい。増田さんは、東京大学（以下、東大）法学部を卒業後、家庭教師等のアルバイトをしながら司法試験の勉強に明け暮れたが、合格までの道のりは思いのほか遠いものであった。27歳の時に心機一転、消防官を志した。災害等から人命・財産を守るという消防の行動原理に魅力を感じ、年間10人程度の採用しかない東京消防庁の専門系試験を受験、法律部門トップの成績で合格し消防学校に入学した。

東京消防庁城東消防署時代の増田さん

増田さんは消防学校入校後、第633期2組の同期生40人と寮生活を送った。

仲間に恵まれ、消防学校生活は充実したものであった。司法試験の勉強どころではない環境にもかかわらず、その年の司法試験は短答式試験から順調に進み、口述試験を経て実務研修先の城東消防署

アメリカのワシントンDCにて
増田さんと現地消防署の隊長と機関員

勤務中の11月に合格通知を手にした。半ば諦めかけていた司法試験に合格したのである。

その後、東京消防庁を退職し、１年半の司法修習を修了したが、その時点で採用年齢の上限を超える30歳となることから、東京消防庁への復職を断念した。東京消防庁に再採用されていたならば、法曹資格を持つ本邦初の消防官として活躍したことだろう（現在も、採用試験の年齢上限は29歳である）。

増田さんは都内の法律事務所に弁護士として所属し、この16年間、数々の事件を担当してきた。そして２０２１年（令和３年）４月、全国消防長会の顧問弁護士に就任した。増田さんは消防官としてではないが、弁護士として消防の世界にカムバックを果たしたのだ。

サッカーと勉学に打ち込んだ少年時代

増田さんは、１９７５年（昭和50年）６月20日に広島県で生まれた。当時、増田さん一家は横浜に住んでおり、母親の里帰り出産で広島生まれの横浜育ちとなった。その後、６歳の時に都内に転居し、世田谷区立喜多見小学校に入学した。同校在学中に少年サッカーチーム「キタミ80」でサッカーを始めた。

１９８０年（昭和55年）創設の「キタミ80」は当時、区内屈指の少年サッカーチームであり、東京都大会で上位に進出し関東大会にも出場した。増田さんはその一員として週に３回はチームの練習に参加、週に３回は友だちと遊び、日曜日に学習塾のテストを受けるなど、当時は今ほど中学受験が過熱していなかったため、のびのびと小学生時代を過ごした。

やがて増田さんは、横浜市にある私立桐蔭学園中学校に進学した。

桐蔭学園といえば当時から野球の名門として知名度があり、現在は野球だけではなく、サッカー、ラグビー、柔道などでも全国区となるなど、文武両道に長《た》けた学校として知られている。

（注：桐蔭学園中学校は、令和３年４月から後に併設された中高一貫教育の「桐蔭学園中等教育学校」に一本化された。）

増田さんは中学ではサッカー部、高校ではサッカー同好会に所属していた。彼は単に成績優秀なだけのガリ勉少年ではなかった。中学校の同級生には、のちに日本代表としても活躍し、キャプテンを務めた森岡隆三さんがおり、彼は高校のサッカー部で二度、高校選手権に出場している。

また、高校の同級生には直接の面識はないものの、後に読売ジャイアンツの選手・監督として活躍した高橋由伸さんがおり、やはり二度、甲子園に出場している。

増田さんは高校では意外なことに理数科に所属していた。数学や理科系の授業が多いなかで、文系の法学部を受けることについて違和感はなかったのかお聞きしたところ、理系科目も得意でまったく苦にならなかったという。

東大法学部を志望したのは、高校在学中にすでに法曹界が視野に入っていたからだという。特に優秀な同級生と一緒に学び切磋琢磨した効果は大きく、増田さんは東大に現役合格した。増田さんの父親は大手企業の技術者であったが、決して技術畑だけの方ではなかった。しかも、改革開放政策時代の中国での勤務も長かったようだ。

増田さんは、父親の影響もあって理系の知識も文系の考え方も両方必要だと考えていた。

世間一般には、「東大卒」というだけで頭脳明晰で近寄りがたい人、というイメージを持ちやすいが、こと増田さんに関していえば、サッカーやお酒が好きな、気さくで分かりやすい人である。

東大でもサッカー部の活動に打ち込み副将に

東大に入学することがゴールのような受験生も見受けられるが、増田さんにとって東大入学は人生のスタートに過ぎなかった。18歳の4月、彼は目黒区駒場にある東大教養学部の門をくぐった。

東大には文系の文科１類〜３類と理系の理科１類〜３類がある。増田さんが入学した文科１類からは法学部進学が予定されている。進学先の法学部には第１類（法学総合コース）、第２類（法律プロフェッション・コース）、第３類（政治コース）の３つの類があり、法学と政治学の教育や研究が行われている。

東大には、赤門や安田講堂、三四郎池で有名な文京区の本郷キャンパスと、目黒区の駒場キャンパスがある。入学から２年次までは全員が駒場キャンパスで教養課程を履修することになる。２年後期からは学部が決定し、３年次からは大半が本郷キャンパスに移るが、一部は駒場にも学部があるので進路選択次第である。ざっくりといえば駒場は「教養」、本郷は「専門学部」ということになる。増田さんは法学部の私法コースに進み、残りの期間を駒場キャンパスで過ごした。

増田さんは高校時代、サッカー同好会に所属していたが物足りなさも感じていた。サッカー部は、後に森岡さん以外にも多数のプロ選手を輩出するなど折り紙付きのプロ予備軍であった。「大学でもう一度本格的にサッカーに打ち込みたい」と考え、入学と同時にア式蹴球《しゅうきゅう》（サッカー部）に入部した。なお、「ア式蹴球」とはサッカーのことで、早稲田大学などのごく一部の伝統校のみこの呼称が残っている。４年次からは同部の副将をつとめた。

法曹界を志し東大法学部に進学した増田さんと司法試験

前述のように増田さんが法曹界を進路に定めたのは高校時代であり、東大法学部への進学は第一関門のようなものであった。その関門を突破し次に目指すは司法試験の合格であった。

日本で最難関の国家試験といえば、「司法試験」と「医師免許試験」であろう。法曹三者（弁護士・裁判官・検察官）になるためにはまず「司法試験」に合格しなければならない。現在の司法試験は、法科大学院を修了、あるいは司法試験予備試験に合格した者だけが受験できる制度である。増田さんが司法試験を受験していた平成10年代（２０００年代）までは「旧試験」と呼ばれる超難関の試験制度であった。

「司法試験法」によれば司法試験とは、法律に関する理論的かつ実践的な総合力（理解力・思考力・判断力）等を判定するものとされている。増田さんが司法試験の受験を決めた当時の合格率は平均約３％であった。ところがその後、司法制度改革が行われたことから法科大学院（ロースクール）修了者が圧倒的に多くなり合格率も大幅に改善された。

法科大学院は２００４年（平成16年）に司法制度改革により開校されたが、その前年に増田さんは東京消防庁の消防職員として消防学校に入校した。消防学校在籍中に増田さんが受験した司法試験は司法制度改革前の旧試験であった。

増田さんが受験した当時の旧試験の概要を紹介したい。５月の短答式試験は、憲法・民法・刑法の3科目を受験し、その合格者は7月の論文試験に進む。

論文試験では、前述の3科目にさらに、商法・民事訴訟法・刑事訴訟法の3科目が追加され合計6科目を受験する。

論文試験の合格者は10月下旬に3日間の口述試験を受けることになる。試験科目は、憲法・民法系科目・刑事系科目の3科目で民事系は民事訴訟法、刑事系は刑法と刑事訴訟法であった。口述試験を経て司法試験の最終合格者となるのは、増田さんが合格したときで約2％（約5万人超が出願。最終合格者は約1、200人）であった。合格発表は例年11月である。法務省前に掲出され、マスコミでも広く報道されている。

平成16年、司法制度改革の一環として法科大学院が設立された。2020年（令和2年）から大学の法学部に法曹コースが新設されたことにより、「大学法学部3年間（早期卒業）＋法科大学院既修者コース2年間」の5年間の一貫教育課程が行われることとなった。このほか、法科大学院への進学が困難な人にも現行司法試験の受験資格を認め法律家になる機会を与えるために設けられた、旧試験と似た形式の司法試験予備試験がある。

しかしながら、現在は法科大学院ルートの受験者がほとんどで、その合格率も高くなっている。司法試験合格者は、その後、司法修習生として基礎訓練を受けることになるが、増田さんが司法修習生となった平成16年当時は、全国各地で行われる実務修習も含めて4月から翌年10月までの1年半（現在は1年に短縮）の研修を受けていた。司法修習の最後に実施される通称「2回試験」（司法修習生考試）に合格することで、判事補、検事、または弁護士となる資格を取得する。

司法試験浪人から消防官への道に　消防の行動原理に魅力を感じて

増田さんが法曹界を志したのは高校生のときであり、専門的な知識技術を身につけることで、人助けになる仕事の一つが弁護士であったからだという。

弁護士会に登録した弁護士が着用している「弁護士バッジ」は、外側に太陽に向かって力強く咲き誇る「ひまわり」が、そして中央部には「はかり」がデザインされている。ひまわりは「正義と自由」を、はかりは「公正と平等」を追い求める弁護士活動のシンボルである。

増田さんは、法学部４年次の途中から司法試験予備校の伊藤塾（伊藤真塾長）に学んだ。今でいうダブルスクールである。伊藤塾長は、東大法学部の先輩にあたる弁護士であり、司法試験の受験指導では合格実績も多く著名な人物である。

伊藤塾長のモットーは「やればできる！　必ずできる！　そして本物になる」であり、後年、増田さんはそれを見事に実践した一人となった。増田さんは、卒業が近づくにつれて法学系の大学院進学も考えたが、前述のように、当時はまだ現在のような法科大学院（ロースクール）は存在していなかった。彼は1年留年して法学部第2類（私法コース）を卒業した。当時の法学部は約半数が留年したという。司法試験合格の道は思った以上に遠いものであった。

卒業後、増田さんは家庭教師などのアルバイトをしながら日夜、受験勉強に打ち込んだ。東大は司法試験合格率トップを誇る大学だが、東大出身者といえども人生行路は平坦ではなかったようだ。先の見えない受験生活の中での気分転換は、草サッカーをすることがほとんどで、社会人都リーグに所属していた大学のOBチームの活動に参加していたこともあったという。

やがて、「同じ人助けでも、被災者や傷病者のために活動する消防の仕事もある。」と心動かされるようになった。

何よりもシンプルで分かりやすい消防の使命・行動原理に増田さんは魅力を感じた。

彼は東大サッカー部で副将をつとめたことから体力、気力、精神力にも自信があり、心機一転、「消防の世界に骨を埋める」覚悟で東京消防庁の専門系（法律部門）の採用試験を受験した。この試験は、将来の東京消防庁の幹部候補生を採用するもので、年間の採用者数は10名前後の狭き門である。増田さんは法律部門でトップ合格した。

法曹界から消防官への進路変更について、家族からの反対もなくむしろ背中を押されたような感じでさえあったという。

27歳から1年間、東京消防庁の消防官として勤務

増田さんが渋谷区幡ヶ谷にある消防学校の門をくぐったのは27歳の時であった。東京消防庁において東大出身者は珍しくはない。筆者が某消防署の副署長当時も東大出身の消防

司令補が勤務していた。東大出身の消防署長もいた。

　だが、法学部の出身者はおそらく、増田さんが初めてではないだろうか。増田さんは、第６３３期２組の一員となった。６３３期生は増田さんのような専門系と１類（大卒）合格者による構成で、全体で５クラスあり総員は約２００人であった。増田さんの第６３３期２組は、女性６人を含めて総員40人のクラス編成であった。

　消防学校では寮生活を送り起居を共にする。クラスメイトは男性５部屋・女性１部屋に分かれた。増田さんの部屋はクラス長（場長）も含めて７人部屋であり、増田さんは部屋長に任命された。専門系と１類の同期生たちは、４月から８月末まで消防学校で集合教育を受け、９月から11月末までは消防学校教養課との兼務で各消防署に実務研修生として配置された。その後12月に再び消防学校に戻り、１か月間、総合教育という最終の教育課程を経て消防学校を巣立つことになっていた。当然のことながら、消防学校では初任学生として、消防の基礎的な知識技術や考え方が叩きこまれた。消防礼式からポンプ操法、実際の放水を含めた消火訓練、空気呼吸器を着装

第633期２組のメンバー

した人命検索・救助訓練、ロープ結索、耐熱耐煙訓練、ロープブリッジ渡過（セーラー渡過・モンキー渡過など）の救助活動訓練、剣道、さらには数多くの座学（講義）が行われた。消防学校は消防官養成の教育機関であり、初任学生をあるべき消防人の姿に導く場であり、自由な時間は少なく常に団体行動が基本であった。ところが、増田さんは消防学校での集団生活は苦にならないどころか、比較的充実した日々であったようだ。サッカー部の副将をつとめた経験などから、集団をまとめ、方向づけする技術が身についていたからかもしれない。何かを提言して方向づけし、仮にその性質上、リスク管理が必要であれば、そのリスクを分析して対処法なりを仲間内にきっちりと伝えたようだ。

ロープブリッジ渡過訓練を行う増田さん

司法試験合格で感じた消防への恩義

増田さんは消防学校やクラスでは年長のほうであった。同期生たちは、気さくでポジティブな彼のことを多少のリスペクトと親しみを込めて、「まっすん」あるいは「まっさん」

のニックネームで呼んでいた。やがて「まっすん」は、実務研修生として都内の城東消防署に配属された。

城東消防署は、東京都江東区亀戸に本署があり、深川消防署とともに江東区を管轄している。増田さんは、化学小隊員として勤務中の2003年（平成15年）11月、司法試験に合格した。彼は12月にいったん消防学校に戻り1か月間の総合教育を終えて、城東消防署に卒業配置となった。

増田さんは、当時の城東消防署で経験豊富な隊長をはじめとする上司にも恵まれ、化学小隊員として数回の火災出場や危険排除などを経験した。

「消防に骨を埋める」という決意を持って消防生活をスタートさせたが、初任教育課程の最中で、受験勉強に専念できない環境の中で司法試験に合格したのであった。

運命の女神は何を企《たくら》んでいたのだろうか。いずれにしても、それまでの受験勉強の蓄積効果があったのだろう。

加えて、水があっていた消防の世界で、それまでのプレッシャーから解放された効果も大きかった。その意味で増田さんは「消防には司法試験合格でも恩義がある」と強く感じているという。

城東消防署化学小隊の隊長以下全員と
増田さん（前列）

消防学校で「まっすん」「まっさん」と呼ばれた増田さん

2023年（平成15年）4月、消防学校に入校した第633期の初任科学生たちは、起居をともにしながら消防官としての基礎教育を受けた。主任教官は消防司令補の冷水美良さん（後任は植松秀喜さん）、また、教官は消防士長の藤田清春さん（後任は鈴木倫明さん）たちであった。増田さんは藤田教官の言葉が今でも忘れられないという。それは「災

山岳訓練のゴール地点の高尾山駅前にて
（前列で屈みこんでいるのが増田さん）

消防学校の同期生仲間。右から川村さん、
濱野さん、増田さん、横田さん

害現場に出動しても無事に帰ってこい」というものであった。「からだは張ってもいのちは張るな」という教えであった。

増田さんは、前述のように「まっすん」のニックネームで呼ばれていた。彼は「東大法学部」の卒業生に対する世間一般の固定観念を見事に覆してしまった。

増田さんはスポーツ好きで、消防学校では自由時間になれば、体育館等で率先してサッカーやフットサルを楽しんだ。彼は走りも速く、消防学校で行われたシャトル・ランではクラスで一番であったという。

増田さんは、当時の同期生と今でも交流を続けている。

筆者は東京消防庁の本庁に勤務している同期生にお会いした。ここで、総務部情報通信課の濱野智紀さん、人事部職員課の横田真一さん、企画調整部企画課の川村淳之佑さんの3人を紹介したい。

友人たちは東京消防庁に自らの「居場所」をつくっていた

最初に紹介する濱野智紀さんは、埼玉県の出身で地元の国立大学理学部を卒業後、民間企業に就職した。ハードウエアの設計等をしていたが、もともと公務員志向であったことから東京消防庁に入庁した。消防学校時代、寮では増田さんと同室であった。濱野さんはパソコンで何かを作りまとめることが多かったという。彼の趣味はテニスだが、増田さんを含めた数人でサッカーやフットサルをすることが多かった。このときに、スポーツ好きで気さくな増田さんに親近感を感じるようになったという。好きなサッカーを通じて、増田さんは消防学校でも仲間を増やしたようなものだった。

　濱野さんは消防学校卒業後、消防署と本庁で勤務する以外に、外部委託研修生として熊本電波工業高等専門学校（現在の熊本高等専門学校）に派遣されたほか、総務省消防庁でも勤務した。現在は、総務部情報通信課に勤務している。

　横田真一さんもまた埼玉県の出身で、都内にある私立大学経済学部を卒業した。彼が民間企業から東京消防庁に転職するのは比較的早いほうであった。彼もサッカーやフットサルを通じて増田さんと親しくなった。増田さん同様に走るのも速かった。

　彼は消防署と本庁職員課を異動のたびに行き来しており、現在も人事部職員課に勤務している。

　川村淳之佑さんは東京都の出身である。彼は消防に入ってから、建築が消防の実務と親和性が高い分野だと実感した。そこで、東京消防庁の自費通学研修生という制度を活用し、勤務の傍ら東京理科大学工学部第二部建築学科に進学した。さらに卒業後は、東京消防庁の委託研修生試験に合格したことから、予防部査察課付けで同大学の大学院修士課程に学んだ。その後は、総務部施設課等に勤務して消防庁舎の建築設計・工事監督員等の実務経験を積み、一級建築士試験にも合格している。

　川村さんは、東京２０２０オリンピック・パラリンピック競技大会組織委員会会場整備局派遣を経て、現在は企画調整部企画課に勤務している。彼もまた、増田さんたちとサッカーやフットサルを楽しみながら同期生同士の友情を育《はぐく》んできた一人である。

　今でも増田さんと交流のある友人３人を紹介したが、いずれも東京消防庁の本庁勤務で、消防の中で自分自身の「居場所」をしっかりとつくり上げた仲間である。

　増田さんが司法試験に合格したときには、実務研修期間中で同期生それぞれが消防学校教養課に兼務する形で各消防署に勤務していた。濱野さんや横田さん、川村さんたちが増田さんの司法試験合格を知ったのは、同年12月、初任教育の仕上げの総合教育として消防学校に戻ったときの近況報告であったようだ。第６３３期2組の同期生は、増田さんの退職の際に「寄せ書き」を贈った。その寄せ書きには増田さんに寄せる友人たちの真情が溢れていた。

「ガンダムグッズに囲まれ、バイクを乗りまわし、サッカーを楽しみ、酒を飲んで（飲み過ぎて）調子に乗り過ぎる（?）。それがまっすんだ！　そんなまっすんが好きだ！　どこにいってもそのまま

城東消防署２部の大隊長以下と増田さん

のまっすんでいてね。」、「法曹界に疲れたら戻っておいで。」、「心頭滅却すれば火もまた涼し。私事ではありますが、４月から東京理科大学工学部第二部建築学科に勤務の傍ら通学することになりました。私も一生懸命頑張りますので、増田さんも社会的に大きな役割を担う人物になって下さい。」などである。

　増田さんと同期生たちの消防学校での勉学や寮生活の実態については、ここでは触れないことにしたい。リスク管理を徹底して、楽しめる時間帯は内輪でそれなりに楽しんだことは間違いなさそうだ。

消防の世界から法曹界への旅立ち

　増田さんは２００３年（平成15年）４月の消防学校入校から翌年の3月末までの1年間、まぎれもなく東京消防庁の消防官であった。諦めていたはずの司法試験に合格するという想定外の出来事がなければ、彼は今でも東京消防庁の一員として活躍していたことだろう。

「消防に骨を埋める」と決意をして消防に入った増田さんは、同期生たちと充実した消防学校生活を送ることができた。また、消防署勤務も新鮮で多くの学びがあった。

　その後、東京消防庁を退職した増田さんは司法修習生としての生活をスタートさせた。司法修習生は1年半、みっちりと基礎的な知識技術などを学ぶ。平成16年４月、彼は第58

期司法修習生として司法研修所に入所した。同研修所は埼玉県和光市にあり、日本の最高裁判所が設置する研修機関の一つで、裁判官の研究・修養、司法修習生の研修機関である。日本では、法曹3者（裁判官・検事・弁護士）となるには司法試験に合格した後、司法修習生として採用され、司法研修を終えることが必要になる。増田さんは司法修習の修了後に、東京消防庁に戻ることができないか副署長などにも相談したようだ。その際に、1年半の研修が終わるときには30歳になっていることが問題となったようだ。また、東京都には、都庁の法務室に法務のスペシャリストが在籍しており、当時の東京消防庁内には適当なポジションもなかったのではないかと思われる。

　結局、増田さんは「消防に骨を埋めるという」決意を脇に置き、実務修習中に出来た家族と新しい生活をしていくことになった。東京消防庁ではなく東京都庁の法務部門に勤務する道も考えたそうだが、増田さんはあくまでも消防人として消防への復職を希望していたので、結局は潔《いさぎよ》く諦めて法曹人としての新たな道に踏みだすことになった。30歳のときである。

冷水次席（消防学校での主任教官。その後、城東消防署に異動）と増田さん

弁護士の世界イソ弁、ノキ弁などの意味とは

弁護士の世界を知って頂くために、世界一弁護士が多いといわれるアメリカの弁護士を取り巻く状況から説明したい。極端な訴訟社会であるアメリカには「アンビュランスチェイサー（救急車を追いかける人）」というスラングがある。これは弁護士のことを指す俗語で、常に訴訟やトラブルの臭いを嗅《か》ぎつけていち早く仕事にする、という意味である。

余談だが、アメリカでは弁護士の資格は各州の州法に基づく資格であり連邦法による規定はない。そのため、ニューヨーク州弁護士、カリフォルニア州弁護士など州ごとの資格である。アメリカには１３３万人以上もの弁護士がいるが、日本では約３万７、０００人に過ぎない（２０１６年現在）。

一見、アメリカの弁護士が非常に多いように見えるが、アメリカの弁護士の業務範囲は日本の弁護士の何倍も広い。日本の場合は、司法書士や弁理士、税理士、公認会計士、社会保険労務士、宅地取引士、行政書士など弁護士の周辺資格が細分化されている。アメリカの場合、このように細分化された「士業」がないため、全て弁護士の業務として取り扱っている。日本では、弁護士の周辺士業である司法書士などを合計すると、法律家の数は決して少なくないという見方をする人もいるくらいだ。筆者の英国人の友人アンドリュー・ガアルターさんも、かつて弁護士をしていた。英国では、法律専門職は法廷弁護士（バリスター：Barrister）と事務弁護士（ソリシター：Solicitor）に分かれている。

ロンドンで弁護士をされていたアンドリュー・ガアルターさんと奥様のスーザンさんとお嬢さんたち

アメリカの弁護士制度は、その両方の法律事務を取り扱っているが、英国の場合は基本的には法廷弁護士か事務弁護士のいずれかを担当する。

ガアルターさんの場合は、事務弁護士でロンドン中心部の金融街シティに勤務先があった。事務弁護士は、法廷での弁論以外の法律事務を取り扱う専門家である。なお、カナダやニュージーランドなどでは一元化されていて、例えば「法廷弁護士兼事務弁護士」の肩書で両分野を取り扱うことが認められている。ここまでがアメリカや英国の弁護士事情である。

次に日本の弁護士制度の周辺事情を説明したい。

日本の場合、司法修習後にいきなり一本立ちして自前の弁護士事務所を構えるのは容易ではない。そこで「イソ弁」という俗語がある。「自分の事務所を持たず、他人の事務所に所属している弁護士」のことである。居候《いそうろう》弁護士を簡略化して「イソ弁」と呼ばれるようになったらしい。

居候とはいっても、給料をもらって法律事務所に勤務していることから、一般的には

「アソシエイト弁護士」と呼ばれている。新人の弁護士は「ジュニアアソシエイト」と呼ばれることもあり、最初のうちは書類の作成など下働き的な仕事も多い。

そして3～4年の経験を積むと「シニアアソシエイト」と呼ばれることもあり、イソ弁は、ボス弁（ボスである弁護士）が受任した仕事を手伝うところから弁護士としての経験をスタートする。この場合、ボス弁とは法律事務所の経営者や共同経営者のことで、一般には「所長」や「パートナー弁護士」といわれている。

ボス弁は法律事務所の弁護士を雇用する立場にあり、事務所として受任した仕事を雇用している弁護士に与える立場である。

弁護士の世界にも格差があった

弁護士業界には、「イソ弁」「ボス弁」のほかに「ノキ弁」という俗語がある。これは「軒先弁護士」の略称で、イソ弁とは異なり、法律事務所に雇われているわけではなく給料のような固定的な収入がない。ノキ弁は、名目上だけ法律事務所に所属して、法律事務所の建物内に間借りしている独立採算制の弁護士ということになる。弁護士は、弁護士会に所属していなくては活動することができない仕組みになっている。また、開業するためには事務所を構える最低限の資金力が必要である。

そのため、どこかの法律事務所に名目上のみ所属して、間借りをしながら弁護士業をスタートするのがノキ弁である。当然、名目上だけの所属であり、給料をもらえない上に事務所の経費を負担しなければならない。基本的に仕事がボス弁から回ってくることもなく、自分自身で見つけなければならないという厳しさが付きまとう。しかも、仕事のやり方もボス弁の指導を受けることはできないので、試行錯誤をしながら自分で会得することになる。

　さらに弁護士業の俗語に「タク弁」がある。これは「自宅弁護士」の略称で、司法修習を修了し、イソ弁にもノキ弁にもなれなかった新人弁護士は、自宅を事務所として使用して開業した弁護士のことを指す。もちろん、成功した弁護士が自宅の一部を事務所として使用することはあるが、一般に「タク弁」は、法律事務所への就職に失敗したため自宅での開業を余儀なくされた弁護士のことである。

　さらに「ケー弁」という言葉があり、これは「携帯弁護士」の略称である。事務所を持たず、携帯電話のみで仕事をしている弁護士である。

　事務所がないと、顧客の信用を得ることがどうしても難しくなることから、ケー弁は弁護士の中でも最も厳しい状況にあり、アルバイトや副業で固定的な収入を得ている人も多い。

　ここ十数年の間、弁護士登録者が増えたことから、以前のようにイソ弁からスタートすることが困難となり、弁護士の間に格差が生まれるようになった。ノキ弁、タク弁、ケー弁などはそれらの格差を表す象徴的な言葉でもある。

　超難関の国家試験を通過し司法修習を修了しても弁護士全員がバラ色の未来という訳で

はない厳しい現実がある。

司法修習生としての1年半

さて、ここで増田さん自身の話に戻そう。２００４年（平成16年）、３月末に東京消防庁を退職した増田さんは休む間もなく第58期の司法修習生となった。

現在の研修期間は1年間であるが、増田さんが埼玉県和光市にある司法研修所に入所した当時は1年半であった。

その当時の司法修習期間中の流れを簡単にご紹介したい。４月から６月までの約３ヶ月間は前期修習といわれ、いわゆる集合研修が司法研修所で行われる。次に７月頃から翌年６月までの約1年間は、全国50か所（47都道府県庁所在地と旭川などの各地方裁判所）に分かれての実務研修であり、最後の翌年７月から９月までの約３か月間は再度の集合研修である後期修習となる。この後期修習の最後に実施される考査がいわゆる「２回試験」である。２回試験という名称は、司法試験を１回目として計算に入れたもので、後期修習中に実施される「考査」が２回目に当たる試験という意味である。

前述のように、司法研修所は最高裁判所法第14条に基づいて最高裁判所に設置された研修機関である。

同研修所は、裁判官の研究および研修ならびに司法修習生の修習を行っている。その教官は、裁判官や検察官、弁護士など法曹界の第一線で活躍してきた実務経験者ぞろいである。基本的には、「2回試験」を含めた同研修所の課程を修了した者が、法曹三者（裁判官・検事・弁護士）の道に進むことになる。弁護士資格を例にとれば、法務大臣認定による弁護士資格の特例を除いては、弁護士法第４条により「司法修習の修習を終えた者は、弁護士となる資格を有する」と規定されている。

第58期の司法修習生は総勢約１、２００名であった。全国各地から研修に参加した修習生は年代もその背景もさまざまで、その身分は各地の地方裁判所に所属する司法修習生であった。司法研修所の入所前に、所属を希望する地方裁判所の調査があった。増田さんは東京、横浜、広島などを挙げたところ、結果的に広島地方裁判所の所属となった。

両親の故郷であり親しみを感じていたことが、広島を希望地に選んだ理由の一つであった。その広島地方裁判所に所属する36名の司法修習生の一人が増田さんであり、同裁判所から司法研修所に派遣された形であった。

最初の３か月間の前期修習中、増田さんは司法研修所で寮生活を送った。通学可能な場合には自宅からの通学も可能であったが、増田さんは前期修習の期間だけ入寮した。

同研修所内には整備されたサッカー場もあり、増田さんは毎日のようにサッカー好きな仲間同士で練習や練習試合を楽しんだ。

修習生仲間とは今でも交流があり、お互いに仕事で助け合うこともあるという。第58期の同期生たちは、約１２０名程度が裁判官、約80名が検事、そして約１、０００名が弁護士の道に進んだようだ。前述したように1年半の研修中、最初と最後の３か月間は和光市の司法研修所での集合研修であり、7月頃から翌年6月までの1年間は配属先での実務研修である。

公私ともに充実していた広島での実務研修

広島での実務研修では1年を4期に分けて、弁護修習、刑事裁判、検察、民事裁判の順にパッケージ的に研修が続いた。

増田さんは弁護士を目指して司法試験を突破したが、一時は検察官への道を考えたこともあったという。弁護修習中には尾道等を訪問、また検察修習の期間中には岩国の米軍海兵隊基地や軍事模擬裁判の傍聴、神戸税関、広島刑務所、医療刑務所や女子刑務所を訪問して法律家としての見聞を広めたという。

広島でもサッカーチームに加入し、同市の姉妹都市である大邱（韓国第三の都市）との親善大会にも参加した。また、増田さんは広島カープのファンであり、広島弁護士会の野球チームにも参加し汗を流していた。いうまでもなく、旧広島市民球場で広島カープの試合を観戦し応援したことも一度や二度ではなかった。サッカーと野球は、増田さん世代にとってはどちらもなじみ深いものであった。

また、増田さんは護身術の必要性を感じて、新たに広島市内にある空手道場にも通い始めた。これまで一度も護身術が必要な場面はなかったというが、この空手道場の師範が広島市消防局の尾山浩仁さんであった。当時は大隊長として勤務しており、尾山師範は、増田さんが東京消防庁の消防官であったことで仲間意識を感じたようであり、それは増田さんも同様であった。尾山師範から教えられた空手道は専守防衛が基本で、身を守るための技が中心であった。

広島地方裁判所に所属し実務修習を受け研鑽を積むなかで、後述するように大きな出会いがあり、増田さんの人生のターニングポイントとなった時期でもあった。

生涯の伴侶との出会い

広島市での研修中、生涯の伴侶との出会いもあった。増田さんは司法修習生仲間の高校時代の同級生たちを交えた懇親会を行った。女性陣のなかに、後に増田さんの生涯の伴侶となる女性が参加していた。この出会いを通じて、意気投合した二人は交際を始めた。消防用語でいえば、「クイックアタック」という消防戦術の言葉に尽きるかもしれない。

２人の交際は順調に進み彼女は子どもを身ごもった。そこで広島での実務研修の最後には入籍を済ませた。それと同時に、父親の実家がある尾道市で、親族への入籍の報告とお披露目を兼ねた食事会を開催した。増田さんの父親は、「少子化に貢献した」という話でその場を和ませたという。何よりも初孫の誕生を待ちわびての言葉だったのだろう。

妊娠が先ではあったが、誰の反対も何の障害もなく、むしろ両家の親族に歓迎されての結婚入籍となった。

新婚の増田さん夫妻は、友人たちと広島市内で二次会風パーティも開催してお披露目をした。あまり格式などにとらわれない気楽なスタイルが増田さんご夫妻の流儀かもしれない。実務修習が修了すると帰京し、翌年7月から9月までの後期修習には都内の自宅から通った。その間に第一子の長女が誕生し、弁護士登録後に更に東京で親しい友人たちを集めて二次会風お披露目パーティを開催した。

2005年（平成17年）9月末に、増田さんは晴れて1年半の司法修習生の全課程を修了し、30歳の節目の年齢で弁護士としての第一歩を踏み出すこととなった。胸には弁護士バッチが鈍い光を放っていた。

法律事務所の共同経営者

増田さんは、弁護士登録直後には東京永田町法律事務所に入所し、恩師でもある故向井千景弁護士に師事した。

向井弁護士は、その名前から女性を想像する人がいるかもしれないが男性であり、いい意味で貫禄と迫力のある弁護士であったが、残念なことに50代半ばで早世《そうせい》された。

その後は、移転先の日比谷パートナーズ法律事務所にも半パートナーとして所属した。

東日本大震災が発生した2011年（平成23年）、増田さんは、東大サッカー部の先輩でもある安藤拓郎弁護士から誘われ、旧中村・安藤法律事務所（2021年（令和3年）7月1日、「プラッサ法律事務所」と改称）に移籍し現在に至っている。

増田さんは、同法律事務所のパートナー弁護士、つまり先輩とともに共同経営者としてその手腕を発揮している。

消防官は、災害から人々の生命と財産を守るため、災害の予防と発生した災害の被害軽減のため最前線で戦う職業である、一方の弁護士は、依頼者の権利を守るために法的紛争・訴訟という現場で戦う職業である。ときには消防のようにチームを組んで戦うこともあるが、いい意味で個人として尊重され、新人弁護士でも一人前として対等に扱われる。その点は消防の世界とは大きく異なっているところかもしれない。

増田さんは、弁護士として初めて一人で法廷に立った時や複数の案件が同時並行することなどから、常に同じ隊の仲間とともに各災害に対応する消防の世界にはなかったプレッシャーや難しさを体験したという。

新人弁護士としての修行時代から、数多くの事件を担当することで「仕事と現場に教えられ、鍛えられ」弁護士として着実に歩み続けてきた。

増田さんは、前述のように「プラッサ法律事務所／PRAÇA Law Firm」のパートナー弁護士として勤務している。

プラッサとはポルトガル語で「広場」という意味であり、依頼者の方々が安心して気軽に相談できる法律事務所をイメージしたものだという。同法律事務所の連絡先などは文末でご紹介したい。パートナー弁護士とは法律事務所の共同経営者という意味である。同事務所には６名の弁護士が所属しており、所長の安藤弁護士は増田さん同様、東大法学部出身でサッカー部の大先輩でもある。安藤所長は、

①依頼者への説明は、できるだけ図式化・文字化して書面などを交付して行う。

②「１か月後の１００点より、明日の95点」を目指す。

そのような流儀で日々仕事に取り組み、事業内容の解決とともに、スピード解決にも重点を置いている。また、教科書に書かれている知識のみならず、実務を通じて蓄積された生きた経験を最大限に活用して、依頼者に寄り添って事件を解決していく。弁護士事務所の業務は、その事案によっては個人の立場で最後まで対応する事案もあれば、なかには事務所の総力を挙げて取り組む活動もある。

その意味では増田さんの好きなサッカーと共通する特性もある。なんといってもプレイヤーの資質である判断力や対応能力が基本であり、その上にチームプレーが相乗効果を高めてチームの勝利に貢献する。その働きはサッカーも弁護士業務にも大きな違いはない。

弁護士会への加入は弁護士活動の絶対要件

弁護士としての活動を行う場合、個人経営にせよ法律事務所に勤務するにせよ、地元の弁護士会に加入しなければならない。日本全国には52の弁護士会があり、増田さんが加入している「東京弁護士会」は「東弁（とうべん）」と呼ばれている。東京都にある３つの

単位弁護士会のなかで最多の会員数を誇り、8、000人を超える弁護士が所属している。特徴としては、他の2つの弁護士会（第一東京弁護士会・第二東京弁護士会）よりも個人経営の弁護士が多く、外国特別会員の形で外国法律事務弁護士も所属している。各弁護士会は、所属する弁護士の会費、弁護士会経由で受任した所属弁護士の負担金、照会請求手数料などを収入源としている。なお、3つの弁護士会はいずれも千代田区霞が関1丁目にある弁護士会館内に本部を構えている。

増田さんは、東京消防庁OBで防災関連会社「㈲モガミファイヤー21」の取締役社長である森公二さんと知り合ったことがきっかけで、消防関係の人脈が徐々に復活した。森社長は、増田さんが東京消防庁の後輩であることを知り、可能な限り取引先や消防関係者に増田さんを紹介するようにした。森社長の紹介で、アパホテルグループの本社で防火管理など法令問題の講演を行った。消防官を対象とした講演会の講師をつとめたこともある。令和3年春、全国消防長会の顧問弁護士に就任したきっかけも元はと言えば森社長からの流れであった。増田さんは、弁護士登録以来16年間、不動産・建築関連を中心に、依頼者の権利を保護・実現する

消防学校の同期生と（左端が増田さん）

ことを最大の目的として業務に取り組んできた。

法曹界を志したときの初心を忘れることなく、依頼者の方々とのコミュニケーションを重視し、消防官としての経験や趣味のサッカーを通じて培ったフットワークの良さを生かして、適切かつ迅速なリーガルサービスの提供を続けたいという。弁護士には定年がないため、今後も長く弁護士活動を通じて法律上の人助けに邁進することだろう。

弁護士サッカーワールドカップ MUNDIAVOCAT（ムンディアアボカ）に出場

ここで再び、増田さんのサッカーにまつわる出来事を紹介したい。

増田さんは、小学生時代から常にサッカーを楽しんできた。弁護士となってからも、その姿勢は変わらなかった。その極めつけが弁護士による弁護士のためのサッカーワールドカップ「ムンディアアボカ」への出場であった。MUNDIAVOCATとはラテン語で「世界」を意味する「ムンディ」と、フランス語で「弁護士」を意味する「アボカ」を組み合わせた造語であり、フランスの弁護士ピナテルらの呼びかけで１９８３年（昭和58年）に始まった。

ワールドカップといっても国別対抗ではなく都市（弁護士会）対抗戦であり、弁護士資格がプレイヤーの条件である。１年おきに世界各地で開催される大会は年齢別に３つのトーナメントに分かれており、ヨーロッパを中心とした20数か国が参加している。アジア圏からは日本や韓国、タイなどが参加しているが少数派である。

開催地は出場チームの多いヨーロッパのリゾート地から選ばれることが多い。大学時代の監督が以前、東京チームの監督をつとめていたことから、増田さんも大会の存在は知っていた。MUNDIAVOCATへの出場が、弁護士になるためのモチベーションの一つでもあった。

トルコのアンタルヤでの初戦で勝利に貢献

２００６年（平成18年）、増田さんは日本の代表選手の一人としてトルコのアンタルヤで開催された大会に出場した。増田さんは東京・名古屋連合チームの一員で、ポジションはボランチ・レジスタ（チームの中心的な役割が求められる立場で、極論をいえばどんなポジションにいてもゲームをコントロールする選手）であった。

MUNDIAVOCATへの出場にあたり、業務の調整は避けて通れない。増田さんの場合、MUNDIAVOCATの参加を条件に法律事務所への就職活動を行っていたので大きな支障はなかったが、増田さんの奥様はあまり良く思わなかったようだ。

日本の出場チームは国際大会に弱いといわれており、先輩方も初勝利まではかなりの時間を要した。ところが、増田さんはデビュー戦で決勝ゴールのアシストをしてチームの勝利に貢献した。実に幸先の良いスタートだったが、その後6連敗を喫し、おまけに試合中に肋骨を負傷するアクシデントに見舞われた。

それでも増田さんはサッカーを通じて世界中の弁護士仲間と出会い、試合を楽しむことができた。興味深いのはサッカー選手のお国柄やキャラクターがそれぞれのプレーに出ることである。ローマなどのイタリアのチームは、技術は高いものの堅守速攻のカウンターサッカーであり、ロザリオ市などのアルゼンチンチームはダイレクトパスを多用するプレースタイル。メキシコ代表はショートパスを多用してチームワークも良く、タイのチームもメキシコと似ている、などである。

日本国内では、法曹サッカー全国大会が毎年開催されている。増田さんは修習地の縁から広島チームで10回ほど参加したが、試合中に接触プレーで肺気胸となり救急搬送されてからは欠場している。このときも「妻の目は冷たかった」と増田さんは述懐しているが、増田さんの健康状態を心配してのことだろう。増田さんは普段の活動では東京のチームにも所属しているが、法曹サッカーでは広島チームへの帰属意識が強いという。

フットサルチームのメンバーと
（前列左端が増田さん）

増田弁護士に相談してみよう、お願いしてみよう

消防の世界を離れて20年余り、48歳の増田さんは中堅の弁護士として精力的に活動を続けている。

全国の消防官約16万8、０００人の中には消防・防災関係法令に詳しい人も多いだろう。だが弁護士資格を持つ消防出身者は増田さん一人かもしれない。増田さんは1年間とはいえ東京消防庁の消防官であり、都内の消防署でも現場の消防隊員として勤務した。

２０２１年（令和３年）春、増田さんは全国消防長会の顧問弁護士となった。消防の世界には、その業務の特徴をとらえて「水と機械と人による」というキャッチフレーズがある。最後の「人」によるところは、消防の世界はもちろんのこと、消防を取り巻く世界にも多種多様な人材が必要なことだろう。

消防人の群像はさまざまである。かつて首都東京の消防官であった増田さんは、弁護士としてゆるぎない実績と輝きを放っている。災害と法律の世界の違いはあっても、人々を助ける仕事には共通の使命感とともに達成感がある。人々を助ける手段が、消防資機材から六法全書や判例集に変わったようなものだ。

日本には2、０００近い法律が存在している。暮らしの全てが、そしてあらゆる仕事が法律によって包みこまれているのが現代社会だ。いつ何時、消防行政や各種の活動を通じて法的な問題が発生するかもしれない。また、私生活においても法律上のトラブルや解決

困難な問題が発生するかもしれない。そんな時には、ぜひ増田直毅さんを思い出して頂きたい。きっとみなさんの大きな支えになることだろう。

弁護士　増田直毅氏の連絡先は次のとおりです。

プラッサ法律事務所／PRAÇA Law Firm
〒103－0022　東京都中央区日本橋室町4丁目1番21号　近三ビルヂング4階A室
TEL：03－6262－5588　FAX：03－6262－5589
E-mail：naoki.masuda@nakamura-ando.com

プラッサ法律事務所ホームページ
http://nakamura-ando.com/privacy/

弁護士　増田直毅氏ホームページ
http://nakamura-ando.com/lawyer/masuda.html

第三話

日本で初めての女性消防署長——谷口《たにぐち》由《ゆ》美《み》子《こ》さん。

瑞宝双光章の栄誉に輝いた
谷口由美子さん

婦人消防官第1期生の谷口由美子さん

東京では女性消防官の誕生から今年で51年目を迎えた。今から51年前の１９７２年（昭和47年）４月10日、64名の婦人消防官（当時）が東京・渋谷区幡ヶ谷にある東京消防庁消防学校の門をくぐった。

その当時、「婦人消防官第１期生」と呼ばれた女性たちである。

その婦人消防官（以下「女性消防官」という。）第１期生の中に、慶應義塾大学法学部を卒業したばかりの谷口（旧姓橘）由美子さんの姿があった。大学卒・短期大学卒で平均年齢21歳の青春真っ盛りの女性たちは、春の陽光と咲き誇る桜花と競い合うかのようにいっぱいの若さに輝いていた。森英恵さんデザインの女性消防官の制服はワインレッドで帽子はバスクベレーであった。その日は男性消防官２期生分（第４５５期・４５６期）の入校式でもあった。

東京消防庁婦人消防官第１期生（４列目の右端が谷口さん）

大川鶴二消防総監の挨拶も、男性消防官と肩を並べて東京消防庁入庁の日を迎えた女性消防官への期待とその成長と飛躍を期待する言葉で飾られていた。消防の歴史を塗り替える出来事だけに、大勢のマスコミ関係者が取材に殺到した。第1期生の1人であった谷口由美子さんは、マスコミのインタビューに次のように志望動機を述べた。

「私は、母や叔母のように男性と同じように責任の持てる仕事がしたいとずっと思っていました。最初はアナウンサーを目指していましたが、最終選考で落ちてしまい、そのときに友人が教えてくれたのが女性消防官の募集でした。実力次第で階級も上がり、給料等も男性と同じだと聞いてすぐに応募しました」……。

女性消防官第1期生の採用試験は競

争率11倍という超難関であった。しかも、全国の大学等から才媛がこぞって応募してきたのだから受験者のレベルも高かった。日本における女性消防官の採用は、１９６９年（昭和44年）に神奈川県の川崎市消防局が初めてであった。その後、横浜市や朝霞市、入間市等でも続々と女性消防官が誕生した。当時の女性消防官の職域は、母体保護の観点から火災現場での消火活動や当番勤務が禁止され、女性のソフトムードが効果的な防災指導や予防、広報業務等を担当するものであった。

パイオニアとして常に風に立つ消防人生の始まり

前述のように、女性消防官の採用については日本初ではなかったものの、女性消防署長の誕生については東京消防庁が早かった。２００６年（平成18年）、谷口由美子さんが高輪消防署長に就任している。消防学校入校から34年目に誕生した消防署長は、日本で初の女性署長となった。ただし、女性だから署長になったわけではない。

消防署長としての必要な資質と知識経験を買われての登用であり、その人がたまたま女性であったということに過ぎない。50年前、東京消防庁に採用された女性消防官の第1期生はすべて消防の職場を去ったが、今もなお、現役のキャリアウーマンとして輝いているのが谷口由美子さんである。

本稿では、谷口さんの消防人生を回顧するとともに、自ら日本最大の消防組織の中で道を切り拓き、後輩のためにその道を踏み固めてきた彼女の半生をお伝えしたい。ちなみに、令和５年４月１日現在、全国の消防官は16万８、６１５名、そのうち女性消防官は５、６１９名（約３・３パーセント）。東京消防庁では消防官１万８、６８４名のうち１、１５０名（６・２パーセント）が女性消防官であり、今や名実ともに消防業務を支える大きな力となっている。

音楽家の一人娘に生まれて慶應へ

谷口由美子（旧姓橘）さんは、１９４９年（昭和24年）、橘常定さんと茂子さんご夫妻の一人娘として、東京都大田区に誕生した。

父親の常定さんは、東京交響楽団のチェリストであり、かつて大ベストセラーとなった黒柳徹子さんの著書「窓際のトットちゃん」にも登場する。黒柳徹子さんのお父さんも当時、東京交響楽団のコンサートマスターをしていた方であった。２人ともクラシック音楽界では著名な存在であった。常定さんは音楽界の登竜門として名高い「毎日新聞音楽コンクール」の審査員も務めていた。

谷口由美子さんは、音楽家のお父さんと、当時の言葉でいえば「職業婦人」、今ならキャリアウーマンと言われたであろうお母さんに育てられた。お母さんは洋楽関係の仕事で70代まで仕事をしていた。また、叔母さんもＮＨＫの洋楽関係のチーフ・プロデューサーとして活躍していた。

谷口さんはそのような環境の中で育つうちに、男女を問わずに働くのはあたりまえのことだと思うようになった。

谷口さんはご両親の勧める慶應の幼稚舎に入舎し、慶應幼稚舎（小学校）から慶應義塾大学までの根っからの慶應育ちである。慶應は比較的自由な校風であった。幼稚舎では、6年にわたり48人のクラスメイトが一緒で、そのうち女性は13人だけであった。6年間クラスが変わらないことから、兄弟姉妹のような感じであったという。

高校は慶應女子高校で、同校の方針では女性は社会へ進出すべきであり、しつけや校則を廃止して責任のとり方を覚えさせるというもので、自律的な考え方が身に付いたという。この高校で、谷口さんは放送研究会に入部した。

そこで発見したのが芝居や司会をするという能力。違う自分になれることが面白くて最後には部長を務めた。

男性と伍して働ける自立した女性を目指して

谷口さんは、自分が消防の仕事をやり続けることができたのは小学校時代の恩師である吉田小五郎先生の教えによるところが大きかったという。まだ小学生の子どもたちに、吉田先生は「何事も途中でやめてはいけません。一つのことを徹底的にやりなさい」と教え諭《さと》していた。

　その吉田先生の言葉に支えられ、男社会の中でもやり遂げられるようにと、谷口さんは慶應義塾大学で、一生涯、男性に伍して働けるようにと法学部を選択した。その当時、大卒でも女性は男性の助手的な仕事に従事するのがほとんどで、谷口さんは男性と肩を並べてバリバリ仕事をしたいという気持ちが強かったという。

　１９７２年（昭和47年）、法学部法律学科を卒業したが、同学科の学生は総員約８５０名中、女性は1割弱であった。彼女は大学卒業後の進路として放送局のアナウンサーを希望したが、最終選考まで進んだものの、残念ながら不採用となった。

　そんなときに友人が教えてくれたのが、地下鉄の三田駅構内に貼ってあった女性消防官募集のポスターであった。

　ポスターには、「努力次第で昇任できる」「給料も男性と同じ」と書かれていた。その待遇に男女の差別がないことを知り、採用試験を受験することにして、近くにあった三田消防出張所に願書をもらいに行ったという。

　東京消防庁の当時の採用試験は短大卒と大学卒の採用のみであった。東京消防庁では初めての女性消防官であっただけに、自分自身の可能性を信じて未知の職業に挑戦してみようという意欲的な女性が、どっと採用試験会場に押し寄せた。

東京消防庁消防学校での日々

東京消防庁では、先行していた川崎市消防局や横浜市消防局の女性消防官の事例を参考に、その制服や業務範囲、消防学校での講義・実技科目、その他についてが検討され、試行錯誤的に実施したことも多かった。64名の女性消防官第1期生のうち、2名は多摩市消防本部からの委託生であった。谷口さんたちは「男子学生とは挨拶以外は口をきいてはいけない」と指示され、今まで男性ばかりの中にいた環境とは異なることに驚いた。

消防学校では、消防組織の仕組み、消防官としての心構え、訓練礼式等、基本的な教育のほか、消防に関する法律知識・科学知識などの講義、広報・防災指導要領さらにはポンプ操法等の実習を行った。消防学校の男子学生は全寮制であったが、女性消防官は通学であった。実家から遠い人は芝の森元寮やアパート等から通学していたという。

第1期生の中には谷口さんを含めて3人の慶應義塾大学出身者がいたという。第1期生は同大学をはじめ著名な大学等の卒業生が多かった。同期で仲の良かった奥山さんは早くに退職し大阪に住んでいることから、今も関西出張等の際に彼女と会い語り合うのが楽しみだとい

今も仲良しの奥山（旧姓神寄）千好さん（右側）と

う。

消防学校ではまた、毎日のように交代でマスコミの取材を受けるような状況であった。第1期生はその5か月間の消防学校生活で、当時の人気ワイドショー等、テレビ番組への出演、新聞、雑誌、ラジオ番組等のインタビューや取材に対応することが多かったという。

この5か月間に退職した人は4人で、いずれも健康上の理由と家庭の事情によるもので、自ら辞めようとする人はいなかった。それくらい、第1期生は「この仕事は私たちが作り上げていく」という気概に溢れていた。誰一人として引き下がる者がいないくらい強

ポスター用の写真撮影
（右から2人目が谷口さん、5人目が奥山さん）

大川消防総監と女性消防官第1期生
（卒業アルバムより）

小川宏モーニングショー
（小川宏さんの近くに谷口さん）

い個性をそれぞれが持っていて、みんな、新しい知識技術を覚えるのにそれこそ必死であった。

谷口さんは、消防学校卒業のときに男性が涙を流して卒業していくのが、とても不思議に思えたという。ところが、いざ自分が卒業する日に在校生の間を通り始めたとき、ジワーッと涙があふれてきて、担当の教官・助教の前に立ったときには、大泣きをしてしまったという。同期生の誰もが同じように泣いていた。5か月間の訓練で張りつめていたものが一気に開放されたのだろう。

消防士長に昇任し消防学校の教官に就任

谷口さんは、1972年（昭和47年）8月24日に消防学校を卒業し、同期生3名とともに淀橋消防署（現在の新宿消防署）に配置された。消防署に配属されると、初めての女性消防官として大事にされ、その扱われ方に戸惑いと驚きを覚えたという。同署の予防課では防火管理指導や立入検査、町会等の防災指導、一人暮らし老人の防火診断、広報活動等に従事した。この当時は、制服姿で街を歩いていても女性消防官と認識してくれる人はいなかったという。

淀橋消防署では、防災週間に新宿のステーションビルで行う防災展の企画を任されて折衝から開催までを担当したという。25歳のときには、消防士長となり消防学校に教官（当時の呼び名で「助教」として、それほど年齢差のない初任学生に広報要領や防災指導、訓練礼式等を教えている。全国でただ一人の消防学校の女性教官であった。

谷口さんはこれまでの消防人生で、助教の立場で初任学生の教育指導に当たったときが一番きつかったという。

拝命後2年7か月で助教となり、ベテランの多い助教の中で何をすればよいか分からず、特に「実科」については初任学生のときの経験しかなかったために、ときには担当している学生と一緒に学ぶこともあった。先輩の教官は、最初は怖くて近づけず、口も利けないほどであった。

しかし、「このままではいけない」と思い、指導の方法を教えてもらう等、どんどんベテランの助教に自分から近付いていった。逃げずに向かって行くことが最高の解決法となった。校内では助教会議の時間を利用し、プライベートでは飲み会にも参加する等して話を聞く機会を持ち続けた。

教官といっても谷口さんは、担当する学生と歳が3つも違わなかった。現場の経験がほとんどない中で、組織側の立場で教えなければならない。それも自分の経験の範囲内でしか教えることができないことからとても悩んで苦労をしたものの、この精神的なつらさを乗り越えた

広報活動

からこそ、一層、強い自分ができたと述懐している。

女性消防官の消防学校での教育期間は4月から8月までであり、谷口さんはそのクラスを担任したほか、男子学生のクラスでも「広報実務」「防火管理」を教えた。

助教として女性消防官5期生を担当したときには、宿泊訓練等、新たな試みも多く、その動きについていけず過呼吸になったこともあった。そのような中で、家族や学生時代の友人に話を聞いてもらったり、好きな音楽や演劇の公演に行きストレスを解消したとい

第1期生卒業式

初めての出初式（第1期生）

消防法の授業（消防学校教官時代）

う。

順風満帆に見える谷口さんの消防人生にもいろいろな苦労があり、谷口さんはそれを一つひとつ乗り越えてきたのであった。

消防の仕事の重さや責任を痛感した日々

消防司令補に昇任後は、人事課、教養課を経て総合指令室の主任となった。結婚した後も谷口さんは「職場では生活感を出さない」ことをモットーとしていた。谷口さんは、指令室の監督台の前に座り、係員が通報の受付を行うのをモニターヘッドフォンでチェックするスーパーバイザーだった。一刻を争う１１９番通報の応対にミスはないか、監督員の立場から補うべき点はないかと「聞き耳」をたてていた。

それまで部隊運用や災害活動経験がなかった谷口さんにとっては緊張の度合いも大きく、転勤早々には部隊運用や救急管制の監督台に就くことが怖かったという。毎日のように救急車に追いかけられる夢をみた。その恐怖心を克服するために、先輩司令補に時間があるときには、一緒に監督台に就いてもらいその監督要領を実地に学んだという。勤務中「１１９番をかけてきた人の『助けて！』という叫び声は耳に残っている」という谷口さん。じつは、火災現場での忘れられない思い出がある。

総合指令室勤務の後に、目黒消防署で勤務していたときに、火災現場で無残な焼死体を見分したのだった。「焼死体は何回も見ていましたが、このときほど生々しいご遺体は見たことがありませんでした」、「自分はこんな死に方をしたくない。またほかの誰にも、このような悲惨な死に方をさせてもいけない」と自分自身に強く言い聞かせた。「火災による悲惨な死者」等を出さないようにあらゆる手立てを尽くすことが、消防官としての自分自身に課せられた使命であると強く感じたという。

1992年（平成4年）、谷口さんは目黒消防署勤務中、産経新聞社主催による第45回「都民の消防官」表彰で、特別賞受賞の栄誉に輝いている。谷口さんは、その受賞の重さを実感するとともに、「これからも仕事に頑張り、後輩の女性消防官のために新しい道を開いていきたいと思います」と決意のほどを述べている。

「みどりの感謝祭」特別警戒（日比谷公園）

夫の研次さんは、谷口さんの表彰に際し、「二人の子どもを育てながら、毎日、一生懸命頑張っています。仕事をしているせいか精神的にも若々しいですよ」とコメントしている。後輩にあたる女性消防官は「谷口主任は、都民の消防官の女性第一号として本当にふさわしい人です。後輩への指導も、「ああしろ、こうしろ」とは言わず、身をもって示してくれます。防火指導で大勢の前で話すときなど、型通りの説明ではなく、自分なりのうまい味付けで人を引き込むんですよ。さすがです！」と述べている。

谷口さんのモットーは「明日という日はないと思って、何事にも精一杯ぶつかっていく」ことであった。

日本消防協会への出向と職域の拡大

谷口さんは、阪神・淡路大震災や地下鉄サリン事件の発生した直後の１９９５年（平成７年）４月に、東京消防庁防災部付けで、財団法人日本消防協会業務部に女性消防団課長として出向した。２年間という任期中に、同協会の研修同期生との絆をしっかりと作り、お互いにフォローしあうことでそれぞれが抱えている課題を乗り越えたという。その絆は今でも続いており毎年、同期会が開催されている。

日本消防協会に出向中の２年間、谷口さんは全国の消防団の活性化を目的に、各地域における女性消防団員の確保、消防団員の教育のための企画を遂行するとともに、自分自身も直接、消防団幹部に対する啓発、女性消防団員の教育指導のための業務を行ってきた。

谷口さんはこのとき、女性であることから同性の消防団員との距離感を近く感じ、ホンネの会話ができたと実感した。当時のご縁が消防退職後の現在までもつながっているという。

谷口さんが、東京消防庁に入庁した当時、女性消防官は現場での消火活動等が禁止されていたが、その後、関係法令の改正とともに24時間勤務や災害現場への出動等、女性消防官の職域は拡大していった。

「女性消防官」である前に「実力派消防官」であった

２０００年（平成12年）、谷口さんは消防司令長に昇任した。東京消防庁の場合、消防司令長からが管理職であり、その管理職の割合は全職員のわずか４パーセントというものであった。東京消防庁の各消防署には総務課、警防課、予防課の３つの課がある。谷口さんは予防課長として目黒消防署に赴任した。

前述のように谷口さんは慶應義塾大学の出身であり、同大学には「三田会」と称する慶應出身者の任意団体があり、その卒業生同士の結びつきの強さは、どの大学も敵《かな》わないほどの実績を挙げている。

目黒区内にも地元の有力者等の中には「三田会」の主要メンバーがおり、その方々との交流を通じて、東京消防庁初の女性管理職としての谷口さんの名前やその活躍が、さらに知られるようになった。

次に赴任したのは大田区内にある大森消防署の警防課長であった。警防課長は現場での指揮を執る立場であり、経験のないことであったが、経験や知識の不足は大隊長や指揮担当に補佐してもらうことで乗り切った。

　谷口さんはとにかく行動の人である。谷口さんの場合、ほぼあらゆる分野で「女性初」というポジションに就くことが多く、女性消防官の中でも真っ先に道を切り開き、後に続く後輩のためにその道を踏み固める立場にあった。「女性消防官初の業務が多く、なかには現場の経験が無いなかで戸惑うこともありましたが、後に続く女性消防官のためにも、最後までやり遂げようと決心して、性別に関係なく男性の同僚に伍して成長することを考えてきました」と、谷口さんは述べている。

　谷口さんはまた、自分なりの視点、立ち位置を大事にしている。単に女性の視点ということではない。例えば消防部隊の効果確認について意見を述べる場合にも「誰も気が付いていないことがあるのではないか」と課題を掘り起こすことを中心に自分なりの考えをまと

自衛消防訓練審査会

震災消防演習

めている。

消防学校の教官、総合指令室の主任、予防課長、そして警防課長……。いずれの役職も臆することなく、経験がないことは先輩上司や同僚にも聞いて、円滑に担当業務が回るように研鑽と良好な人間関係の維持に努めてきたと、谷口さんはいう。その努力の結果として「女性だから」と表現する人は少なくなり、「谷口さんだから」という男女の性別を超えた評価を得、その実力が消防の内外で知られるようになっていった。

査察行政のトップとして情報発信の難しさを痛感

２００４年（平成16年）10月に、谷口さんは東京消防庁の予防部査察課長に就任している。

査察課長といえば消防関係法令の遵守状況等を検査する元締めのようなもので、警視庁でいうならば捜査１課長のような存在であったのかもしれない。谷口さんが査察課長に就任した直後の２００４年12月26日、ドン・キホーテ環八世田谷店で火災が発生した。

その当時、谷口さんは神奈川県の自宅から、電車のない時間帯であったことから、ご主人の運転する車で東京消防庁に駆け付けた。早朝、管内にドン・キホーテの店舗がある消防署長を電話で起こし、同日中の立ち入り検査実施の指示をした。さらに、その後のテレビニュースへの出演等、マスコミ対応にあたった。

また、2006年（平成18年）1月には、神奈川県内のビジネスホテルが、建築基準法、ハートビル法等に違反するかたちで新築・改造していたことが発覚した。

同ホテルは東京にもあることから、なぜ消防が立入検査で違反を確認できなかったのか、とマスコミの取材が査察課に集中した。谷口さんにとっては経験の少ない分野であったが、課長補佐以下、課員の力に支えられて査察行政の修羅場を乗り切ることができたと述懐している。

マスコミの取材対応で、谷口さんは消防側の思いが思うように伝わらないもどかしさも痛感したという。

初の女性消防署長の誕生

谷口さんは2006年（平成18年）4月に消防監に昇任し、港区内にある高輪消防署の署長に就任した。谷口さんは、同署管内の方々が女性署長を喜んで受けとめてくれたことや、「良い悪い」等の意見を伝えてくれたことで、署長としての思いを率直に語り、自由に動くことができたという。消防行政を牽引するためには署員の先頭に立たなければいけない、という強い気持ちであったという。署員と接するうえで心掛け、大切にしたのは「言葉」「知識」そして「行動」の3つであった。消防人生の中で学んだ一つが「人を動かす言葉の重み」であった。

その言葉の持つ「意味」と「力」を考え、本来の言葉の意味を理解した上で使うように心掛けた。また、街の方々に「住民と共に歩む消防」の存在を意識してもらえるように努めることを、署員にもお願いしてきた。消防の文化や技術の伝承で強く望みたいことは、「人間関係」の伝承であるという。消防団は、ある意味において常備消防よりも地域に密着している。それだけに、消防団は常備消防にとっても必要不可欠な共同体であるという。

高輪消防署の署長公舎は、日本の家内工業発祥の地と言われる下町っぽい地域にある。谷口署長はお祭りでは「女御輿」も担いだ。たくさんの住民の方々に支えられて消防行政が成り立っていることを実感したという。管内の男女共同参画を進める団体の方から、救急車に女性隊員が乗っていることで「消防は進んでいるんですね」とお褒めの言葉を頂いたこともあった。

谷口署長は、「女性の消防署長を私の代限りで終わらせてはいけない。必ず次にも女性署長が実現するように精一杯努力しよう」と考えていた。谷口さんは、後進のために道を切り開く気持ちが強かったのだ。

東京消防庁高輪消防署長時代

東京のど真ん中、丸の内消防署長として花道を飾る

その後、谷口さんは異動し、２００８年（平成20年）４月には丸の内消防署長に就いている。

丸の内消防署管内は、管内住民は少数であるが、その代わりに皇居や日本を代表するリーディングカンパニーの本社群、ＪＲ東京駅等の重要対象物が多い、文字通り東京のど真ん中に位置する消防署であった。丸の内消防署の署長として日本を代表する企業のトップやＪＲ東日本、ＪＲ東海の東京駅長と会う機会も多かったという。また、管内にある東宝の本社の新年会では、女優さんらがずらっと並んでお迎えしてくれるなど、丸の内ならではのイベントも多かったという。

ある日曜日に某劇場で演劇鑑賞中、「帝国ホテル」の出火報を知った。帝国ホテルは目と鼻の先にあり、すぐに同ホテルに駆け付けた。ホテルで出動してきた大隊長と鉢合わせになり、大隊長から「署長、防火衣に着替えて下さい」と言われ、ホテルの一室を借用し

三菱地所防災訓練での講評

て防火衣を着装した。火災はボヤではあったが、著名なホテルの火災の後のマスコミ対応等、学ぶことが多々あったという。

谷口さんは、丸の内消防署長として名実ともに消防の花道を飾り、２００９年（平成21年）３月に東京消防庁を勧奨退職した。退職当日には「消防正監」に昇任している。

東京消防庁には通算37年間勤務し数々の顕著な実績を挙げたことから、惜しまれての勇退となった。谷口さんは自分自身の評価によっては、後に続く女性消防官の進路にも影響があることを常に気にしていた。ところがそれは全くの杞憂であり、その実力が認められたことから、谷口さん以降も女性の消防署長が誕生することとなった。それは女性だからではなく、あくまでもその方個人の資質や識見の高さ等が認められてのことであり、たまたまその方が女性であったということに過ぎない。

消防退職後から現在までの歩み

谷口さんが東京消防庁で37年をかけて積み重ねた実績は、余人をもっては代えがたい顕著なものであった。その実績により２０１４年（平成26年）には瑞宝双光章を受章する栄誉に浴している。

谷口さんは、１９８２年（昭和57年）２月にご主人の谷口研次さんと結婚、その後、２人の息子さんを出産し、仕事と家庭生活を両立させてきた。そこにはご主人の手厚い協力もあった。ご主人と支え合って互いの消防人生をまっとうできたことに、谷口さんは感謝している。

２００９年（平成21年）３月に古巣の東京消防庁を離れてからの、谷口さんの第二の人生についても紹介したい。

退職後の１年間は、特別防災指導員の肩書で、東京消防庁の防火管理課の嘱託となり公益財団法人東京防災救急協会（当時は「東京防災指導協会」）の防火管理講習会の講師等を務めている。その後、東京防災救急協会で講習事業部の講習指導担当部長に就任した。

この間に、２０１２年（平成24年）５月から１年間は、東京都の「港区地域防災計画に女性の視点を反映させる部会」に副部会長として参加している。

また、２０１３年（平成25年）５月には、ＣＴＩＦ（国際消防救助協会）主催の女性消防人ワーキンググループに日本代表として参加した。会議はセルビア共和国のベオグラードで開催され、欧米諸国からは災害現場で実際に活動している女性消防官が参加していたという。それから６年後、２０１９年５月にも今度はスウェーデン王国の首都ストックホルムで開催された会議にもＣＴＩＦの日本代表として参加している。

その後、２０２０年（令和２年）７月から２０２３年（令和５年）８月まで、株式会社防災士研修センターの取締役研修部長として勤務し、その後も、全国の防災士養成研修や継続研修の企画等で全国を飛び回っている。

後輩に伝えたいこと

谷口さんは、女性消防官の原点は「予防」であり、特に予防業務を大事にしてほしいと述べている。それと同時に、消防の仕事ができることに誇りを持つことを強調している。

仕事をするうえで大切なこととして、①時間や人、ものを大切にする、②笑顔を忘れず相手の気持ちを考えること、③イヤなことほど積極的に対処する、④言葉が大事であり言葉を大切にするとともにタイミングよく発することが重要だという。女性は自分の前しか見えないところもあるので、そこは男性の観点を見習い、広い視野を持ってほしいという。

それと同時に、進んで何かやってやろうという

火災予防安全もちつきまつり（東京宝塚劇場）
（宝塚スターの水夏希さん、白羽ゆりさん、彩吹真央さんと）

積極性を持つこと。人はやってくれない。まず自分がやれば人はついてくる。谷口さんは、消防に入ったからには、「消防署長になりたいと思い続け」それを見事に実現した。

何事かを思い続けることと、それに見合った相応の努力をするならば、いつか夢は実現することを谷口さんは身を持って体験した。

自分の置かれている環境に悩んでいる女性消防官もいるかもしれないが、逃げないでぶつかっていくことと、解決法を広い視野で考えてほしいと、谷口さんはいう。社会人として消防の分野だけではなく、あらゆる面の知識や常識を身に着けておくことが大切だと述べている。

消防はチームワークなので「性別に関係なくみんなが力を合わせて良い仕事をして感動を味わう」ということを、谷口さんは常に目標としてきた。チームワークを考えながら、みんなが一本線を貫いていってほしいという。谷口さんは、男とか女とかではなく、人間として一生懸命働くことの重要性を説いている。それは彼女が実践し続けていることでもある。

2009年（平成21年）3月31日の退職時
（消防正監に昇任）

第四話

消防団長で民間救急のパイオニア――羽《は》原《ばら》克《かつ》也《や》さん。

上野消防団第15代団長

羽原克也さん

下町の人情おやじが上野消防団長だった

「目の前に困っている人がいたら黙ってはいられない」。そんな人がいる。東京は上野に近い根岸に在住の起業家、羽《は》原《ばら》克《かつ》也《や》さんもその一人である。

羽原さんはつい最近まで、上野消防団と上野消防少年団、両方の団長であった。羽原さんの生きる根っこは「困っている人を助けたい」という強烈な思いと義侠心であり、人助けや地域での奉仕活動を長年にわたって続け、その延長線上に介護保険事業や民間救急事業があり、同様に消防団や消防少年団での活動があった。

似た者夫婦という言葉があるが、羽原さんにとって奥さんのふみ子さんは最大の理解者・協力者であり最愛のライフパートナー（生涯の伴侶）である。羽原克也・ふみ子夫妻は、「困っている人を何とか助けてあげたい」、「人様のお役に立てることをしたい」という共通の願いから、地域福祉サービスの事業を起こした。仮に事業として成り立たない場合には、ボランティア活動に切り替えて、困っている人の相談に乗りその問題解決の手助けをしたいと考えて活動してきた。

本題に入る前に、まずはダイジェストで羽原さんの半生を紹介したい。

羽原克也さんの半生

羽原さんは１９４７年（昭和22年）に台東区根岸で生まれた。

小学生時代の羽原さんは、アメリカのテレビ番組「スーパーマン」を見て、スーパーマンの颯爽とした活躍ぶりとかっこよさに魅了される少年であった。やがて、日本大学法学部に進学し、大学卒業後は父親が始めたパン屋の仕事を手伝った。１９７６年（昭和51年）、ふみ子夫人と結婚すると自宅で自然食・健康食品店をはじめ、同時にこの年から正式に上野消防団員となった。

羽原さんご夫妻はともに世話好きで、困っている人を見ると頼まれなくても手助けをして

羽原克也・ふみ子さんご夫妻

いた。そんなことから、２人の店には多くの人が困りごとの相談に訪れ、台東区役所からも「困ったときの羽原さん」と何かにつけてお願いされるようになった。羽原さん夫妻の人助けが広く知れ渡るようになると、遠方からも相談に乗ってもらいたいという人が訪れるようになり、実際に助けられた人も多かった。

また、ご夫婦の人柄に惹かれ、近所に引っ越ししてきた人もいたという。

ところが、人助けに集中しているうちに借金が増えてしまい、商売の方が傾いてしまった。万策尽きた羽原さんは、台東区役所の福祉課に相談に行った。「もう、相談ごとや困りごとをまわさないで欲しい、借金も増える一方で…」と窮状を訴えたところ、担当者からある提案がなされた。それは、「これから民間の福祉事業者を増やしたい。そのための事業費もあります」、「羽原さんがその第一号になってくれませんか」というものであった。

そんな経緯があり、羽原さんは１９９３年（平成5年）、自らが社長となり、高齢者などに福祉サービスを行う有限会社を設立した。その事業は、平成7年に台東区の福祉推進事業に認定され、平成11年にはＮＰＯ法人「マザリーエフ（Ｆ）」となった。平成17年には民間救急事業（患者搬送業務）の先駆けとなる有限会社「東京救搬」を設立した。

一方、消防団では平成15年に分団長となり、その後、２０１７年（平成29年）に上野消防団の第15代団長に就任した。

さらには、第六方面支部長も兼務したが、団長職73歳定年を迎え２０２０年（令和２年）、団長職を退任した。実は消防団長職を離れた今でも、請われて消防団や消防少年団の指導者としての活動を継続しつつ、２０２３年（令和５年）４月からは大規模災害団員（※）に加入している。

（※）消防団員のうち、震災その他の大規模災害時において出動・服務することを主たる任務とするもの。

アメリカ消防研修や「一人消防団」、陸上競技の指導など

羽原さんの半生は波乱万丈である。

２０１４年（平成26年）、飲食店火災の現場活動中、落下してきた天井などの下敷きになり全身打撲の重傷を負い救急搬送された。九死に一生を得た羽原さんは、その後、無事に消防団活動に復帰し事業や地域奉仕の活動を続けている。

羽原さん夫妻の共通の趣味は走ることであり、羽原さんは陸上競技の公式審判員の資格と陸連公認指導員の資格を取得して、地域のスポーツ指導者として、児童生徒の指導を長年にわたって続けている。地域の高齢者の中には、羽原さんの心肺蘇生や異物除去などにより一命をとりとめた人も多い。

また、羽原さんには窃盗犯の現行犯逮捕などの武勇伝も多く、消防や警察からの表彰状や感謝状も飾り切れないほどである。

２０１８年（平成30年）に、羽原さんは日本消防協会主催のアメリカの消防事情視察団に参加している。その際には８日間の全行程を制服姿で通したという。消防の世界では制服で訪問することが最高の敬意の表し方であり、それを体現したのである。

最近は、コロナ禍で消防団活動も休止状態だが、羽原さんは一人でもできる様々な地域奉仕活動を始めた。

「一人消防団」と称したその活動を続けていると、羽原さんを見習い同様に「一人消防団」を続ける人も出てきた。

羽原さんはとにかく小まめで面倒見がよい人だから、目の前に困っている人がいたらじっとなんかしていられない。勝手に体が動いて、何でもできることをやってしまう。とにかく「人助け」のために最大限そのパワーを発揮してきたのが、羽原さんであり、ふみ子夫人なのだ。

スーパーマンになりたかった少年と大学生時代

羽原さんの一族は代々、根岸の地で暮らしている。羽原さんの祖父はハイカラな人で神田の正則英語学校を出て東京都の外人登録係に配置となった。羽原さんも東京オリンピックの英語通訳ボランティアに登録したほどだから、英語好きは祖父からの血筋なのかもしれない。

祖父は、「英語では困ったことはない。困っているのは相手のほう」と言っていたそうで、ユーモアのセンスが抜群の人であったようだ。かつて台東区浅草は東京一の繁華街であった。羽原さんの父親はその浅草でケーキとパンの職人をしていたが、戦後は自宅に自家製のパン窯《がま》を作ってパン屋を開業した。

昭和30年代には白黒テレビが発売された。羽原さんが小学校2年か3年の時には、羽原家でもテレビが見られるようになった。最初に見たのがアメリカのテレビ番組「スーパーマン」だった。「何とかっこいいんだろう！」と、羽原少年はすっかりスーパーマンの虜になってしまった。

スーパーマンは、とにかく強くて優しい。空も飛べるし、困っている人がいれば、空をスーッと飛んで現れる。その場に悪い奴がいればやっつけて、困っている人を助ける。

そして「ありがとう」と言われぬうちにサササッといなくなってしまう。

「かっこういいな、ぼくも大人になったらスーパーマンになろう。困った人を助けよう！」と、羽原少年は子ども心に決心した。小学校の隣に石稲荷神社という神社があり、羽原少年は小学校の行き帰りに、その神社で「どうかスーパーマンにしてください」と繰り返し祈願していたという。

やがて羽原さんは日本大学に進学した。その当時、日本大学をはじめ、法政大学、東京大学、早稲田大学、明治大学など、東京の主要な大学では学園紛争が相次いでいた。羽原さんの平穏な学生生活は、最初の1年目だけであった。ノンポリの学生だった羽原さんも、2年目からは大学紛争に巻き込まれてしまい勉学どころではなかった。日大（日本大学）闘争を身近に見聞し体験したことで、羽原さんは世の中の不条理を肌で知ることになった。大学卒業後には、家業のパン屋の仕事を手伝い始めた。

羽原さんは実は、某ラジオ局のアナウンサーの採用試験を受けている。最終試験まで残ったが、若干名の募集に約300名もの応募者があり、最後には涙を飲んだという。

美声で歯切れのいい羽原さんだが、もしラジオ局のアナウンサーになっていたら、下町のお助けマンにも上野消防団長にもなっていなかったのかもしれない。人生とは分からないものである。余談だが、羽原さんのお嬢さんの一人は声優で「歌のお姉さん」としても活躍していて、血筋は争えないものである。

お母さんに気に入られたふみ子夫人と結婚

羽原さんは1976年（昭和51年）、28歳の時にふみ子さんと結婚した。

羽原さんが台東区の街づくり勉強会に参加した時、たまたま席が隣同士だったのが、ふみ子さんだった。羽原さんは彼女に「きみ、どっから来てんの」と声をかけた。ふみ子さんは「相模原からです。勤務先が上野です」と答えたという。神奈川県の相模原市から上野までなら2時間はかかる。「名前は?」、「ふみ子です」、「えっ、ふみこか、私の妹もふみこというんだよ」というような会話になったが、妹さんが同じ名前だというのを、彼女はウソだと思った。「まあ、何と調子のいい男だろう」とその時は思ったという。

しかし、羽原さんは人はいいが、お調子者ではなかった。勉強会でどこかに出かける時も、偶然にも2人は同じチームになった。そんなことが続いて、2人は交際するようになった。

羽原さんは、母親にふみ子さんを紹介した。羽原さんの母は、ふみ子さんを一目で気に入り、「あんた、うちの息子の嫁さんになってくれない」と、羽原さんがプロポーズする前に、何とお母さんが代わりにプロポーズしてしまったのだ。お母さんなりに、ピンとくる何かがあったのだろう。その目に狂いはなく、お母さんが亡くなる時、ふみ子さんに「あんたがうちのお嫁さんで本当によかった、ありがとう」とお礼を述べたという。

羽原さんとふみ子さんの新婚カップルは、結婚するとすぐに2人でできる仕事を模索しだした。紆余曲折はあったものの、お持ち帰りのデリカテッセン兼総菜・弁当店を出したり、自宅で自然食・健康食品の店を始めたりもした。

その関係で、地域の人々、特に高齢者達が2人の店に集まるようになり、羽原さんのお店は交流の場になっていった。商品を買うのが目的という人だけでなく、羽原さん夫妻に暮らしの困りごとや悩みごとを相談に来る人も多くなっていった。

「窮鳥入懐《きゅうちょうにゅうかい》」という諺があり、窮地に陥った人が助けを求めてきたなら、どのような理由があろうと援助の手をさしのべるのが人の道だという。羽原さん夫婦は、日々の暮らしの中でそれを実践していたのだった。

石稲荷神社

「困ったときの羽原さん」といわれ区役所経由の相談も

「うちの階段の電気が切れてね、困ってるのよ」とある老女がいえば、羽原さんは「俺が行って直してやるよ」といってその女性の自宅に出向き、電球を取り換えた。また、「夏冬の衣類を入れ替えたいんだけど、押し入れの『柳行李《やなぎごうり》』が取り出せない」という人がいれば、羽原さんは「やってやるから、大丈夫」とすぐさま対応した。他の人が「病院の通院があるんだけれど一人で行かれない」と言えば「それじゃ、俺が乗っけてやるから」とハンドルを握って病院への送迎を行った。

そんなこんなで、羽原さんの自宅兼店舗は「困りごと相談所」のような場所になり、羽原さんは24時間営業の便利屋さんのように、話を聞くとすぐさま手助けに動いた。羽原さん夫妻の人柄と人助けの話は台東区役所にまで伝わった。区民からの相談で、区役所としては対応できない事案があると、福祉課などでは羽原さん夫妻を紹介した。

この頃には、「困ったときの羽原さん」として台東区中に知れ渡るほどであった。世話好きが災い？　して家業そっちのけで奉仕活動に励んでいるうちに、生業の方が危うくなってしまった。奥さんがブレーキ役になるどころか、一緒になって人助けをする。そんなことから、何をやっても借金が増えるばかり。相談者の話しをしっかりと聞けば、その時間もバカにはならない。相談者の自宅まで行って何かとお手伝いをする。車が必要な時には自ら車を運転して病院など、希望するところに連れて行く。それをボランティアとして何年もやり続けたのだから、世話好きでお人好しの2人の生業が崩壊の崖っぷちに立っていたのも無理はない。

担当者のことばに動かされ有限会社を設立

その当時、羽原さん夫妻は台東区役所福祉課のお手伝いや地域での奉仕活動を続けていたが、あるとき区役所に相談に行った。「もう、うちには人を紹介しないでくれ。借金ができてしまったから、まっとうな生活に戻りたい」と伝えると、旧知の担当者からは「羽原さんに協力してもらえないと本当に困る。どうしたらいいですか」と逆に相談されてしまった。

そんなやりとりの末、担当者から、区役所が行う予定になっている民間向けの地域福祉推進事業についての話を切り出された。そして「羽原さ

マザリーエフの遠足

マザリーエフの食事会

ん、やってみませんか」と提案をしてきたのだ。

　この話を聞いて羽原さんはすぐさま行動に移した。1993年（平成5年）には有限会社マザリーエフを設立した（この当時は、まだNPO法人の制度がなかったので、とりあえず会社を設立する必要があった）。台東区役所の福祉課に教えられたとおりに、地域福祉事業を立ち上げて申請をしたところ、事業費が振り込まれた。区役所から地域福祉事業を請け負い、以降も毎年、事業費が振り込まれることになった。担当者の提案が発端となり、羽原さんの活動は、自然発生的に事業化への流れとなった。

　阪神・淡路大震災が発生した1995年（平成7年）、有限会社マザリーエフは、台東区の福祉推進事業に認定された。その後、羽原さんが有限会社を起業したあとで「NPO法人」の制度ができ、羽原さんは「これはうちの事業にピッタリ当てはまる」と思った。そこで、羽原さんは区役所や東京都にNPO法人の作り方を聞きに行ったが、まだ誰もその作り方を知らなかった。区役所の人たちが羽原さんにNPO法人の認可申請をさせようと調べてくれ、その結果、東京都認証特定非営利活動法人（NPO法人）の認証を取得することができ、その後に始まった介護保険事業にも参入することになった。

マザリーエフの交流会

NPO法人社会福祉サービスマザリーエフ（F）の誕生

1999年（平成11年）に東京都の認証を得て、NPO法人マザリーエフ（代表理事：羽原ふみ子、副理事：羽原克也）が誕生した。高齢者の生活支援事業を柱とする民間の福祉事業であり、高齢者や患者の搬送支援等のため、日本財団からも合計3台のリフト車両の寄贈を受け、スタッフも十分に集まり本格的な支援活動がスタートした。マザリーエフ（F）という名称の「F」は奥さんのふみ子さんの名前から採《と》ったものであった。Fは同時に、ファースト、フロンティア、ファミリーの意味があり、「一秒でも速く可能な限り、家族のように、ふみ子さんとともに」という羽原さんご夫妻の愛情と願いがこめられたネーミングであった。代表理事となったふみ子さんは、ケアマネジャー、介護福祉士、介護士の資格を取得している。羽原さんは副理事としてふみ子さんの活動を支える側にまわった。

東京都のNPO法人の認証後に「介護保険制度」が誕生した。実は、NPO法人を立ち上げた当初は、介護保険事業のNPO法人も少なく、けっこうな収益になったという。そこに、利に敏《さと》い大手企業が揃って参入してきた。

ところが事態が急変する。ある時を境にピタッと収益が出なくなった。そうなると参入した大手企業は一斉に介護保険事業から撤退した。大変な仕事の割には賃金が安いので、働き手を確保するのが難しくなったためだと思われる。

羽原さん夫妻のＮＰＯ法人は、大勢のスタッフを抱える余裕がなくなったが、現在、16人のメンバーが在籍し粛々と活動を続けている。

からだを張って相談者を守ったことも数知れず

羽原さんには人助けのエピソードが多い。それも単なる相談ごとではない。時にはからだを張って問題解決に当たることもあった。

ある冬の夜、寒風の中でよぼよぼのおばあさんが自宅の呼び鈴《りん》を鳴らした。「どうしたの？」と声をかけると、おばあさんは「実はサラ金に追われていて…」という。「いいから、入んなよ」と迎え入れる。「せがれが、『お袋、ここに名前を書いてくれ』というから書いたら、それが連帯保証人かなんかで、サラ金が家まで押しかけてきて帰れないんです」という。翌日、羽原さんがおばあさんを自宅に送り届けたら、サラ金の取り立て屋がおばあさんの帰りを待っていた。「お前、こんな年寄りを脅《おど》してどうするんだ。この年寄りを何歳だと思っているんだ」と取り立て屋を反対に脅した。その後、おばあさんをその家の斜め前のアパートに住まわせ、借金取りから守ったという。このようなことは公的機関の担当者にはできない相談である。

民間でしかも善意による無償の行為だからできることであり、それも羽原さんだからできたことなのだろう。

また、トイレ修理で高額な費用を請求する悪徳業者とも対決したことがあった。

ある高齢女性の家のトイレが詰《っ》まってしまい、たまたま見た「トイレの水回り修理3千円」と書かれたチラシの業者に修理を頼んだところ、その業者が下見に来て「このトイレはバラさないといけないから費用は35万円だ」と言ったという。「羽原さん助けて！」と、その女性が電話をかけてきた。羽原さんはその業者に会い、「35万円だと、ふざけるんじゃないぞ」と抗議し、その業者を追い返した。

羽原さんは現在でも1日400回は腕立て伏せができるほど筋トレで鍛え上げた肉体の持ち主だ。その体育会系を思わせる肉体の迫力に悪徳業者は圧倒されたのかもしれない。

その後、トイレの詰まりについては、知っている水道屋に頼んだら1万円で直してくれたという。35万円かかるところが1万円で済んだと、その女性には感謝された。

民間救急の草分けだった「東京救搬」を設立

羽原さんは2005年（平成17年）、民間救急の草分けともいうべき会社を設立し代表取締役となった。それが有限会社東京救搬である。スタッフは元救急隊長や患者搬送乗務員資格者の23名（必要な時にはマザリーエフのスタッフもここに加わる）。東京救援は、患者の転院など一般の人には困難な搬送業務を請け負った。患者搬送業務の資格要件を満たすために、羽原さんはスタッフ3名とともに自動車の2種運転免許を取得し、タクシー事業者免許も取得した。さらに東京消防庁の50項目ほどの審査を受けて認可書を受領し、患者搬送業務を開始した。

東京救急協会（現在は東京防災救急協会）の民間救急コールセンターは、一般の人から民間救急を利用したいという電話が入ると、「台東区内なら東京救搬という会社がありますよ」と登録会社を紹介する仕組であった。羽原さんはこの事業を十数年間にわたり続けた。現在は有資格者の確保が困難などの理由から休業中であるものの、必要な場合には全くの無償で搬送業務を行うこともあるという。

上野消防団と消防少年団両方の団長に就任

羽原さんは、困りごとについての相談に乗っているうちに地域のために活動している消防団の存在を知り、自ら志願して上野消防団に入団した。正式に入団手続きが終わり、新品の制服に腕を通した時はうれしかったという。

羽原さんは、50歳代になって分団長となり、２０１７年（平成29年）には第15代上野消防団長として団員約２５０名の指揮を執《と》ることとなった。その後は、消防団長兼第六方面支部長として73歳の団長職定年まで勤めた。退任後も消防団に残って欲しいとの要請があり、今は気楽な班長の立場で活動に参加している。

羽原さんにはいくつかの忘れられない現場活動がある。20歳代の時、ポンプ操法の訓練をしていると１００メートルくらい離れた一軒家で火災が発生した。その火災は、木造平屋の台所が燃えたものでホース一線で消火できた。その時、70歳代のおじいちゃんが羽原さんの腕をがっちりとつかんで、「これは私の家なんだ。ありがとうございました」と深々と頭を下げられた。

　また、痛ましい高齢女性の遺体を目にしたことが2度もあり、火災の恐ろしさ、無残さを心に刻んだこともあった。数々の現場で火災で焼け出された人々の惨《みじ》めさに涙したこともあったという。

　あるときは、住宅の2階で女性の焼死体が発見され、消防隊員が防水シートに遺体を包んで地上に降ろす作業をしていた。地上部分は墨汁のような真っ黒な水たまり状態であった。羽原さんは、とっさにそのような場所には降ろせないと考えて、その遺体を包んだ防水シートを途中で受け止めて水たまりのない場所にそっと降ろした。火災現場でもそのような気遣いを忘れないのが羽原さんの流儀であった。

　羽原さんは２００５年（平成17年）から、上野消防少年団の指導も引き受けた。人に頼まれれば嫌とはいえないのが羽原さんである。消防署予防課の課長補佐から消防少年団の指導と併せて「少年団員を集めて欲しい」と頼まれた。

　羽原さんは小学校の陸上競技のコーチをしていた経験を活かし、子どもたちに声をかけ、一気に20人以上も子どもたちを入団させた。その当時は少年団員の保護者が指導者で、消防・防災のことを知らない保護者が指導するには無理があった。羽原さんは、指導者を保護者から消防団員に切り替えるなど、徐々に消防少年団の活動を「羽原劇場」に変えていった。

結局、15年間、消防少年団長を務めた後、指導者に戻してもらい、今は一指導者の立場から支援活動を行っている。

消防少年団員の中には、その後、上野消防団に入団し、今現在は東京消防庁の消防学校で初任教育を受けている愛弟子《まなでし》もいる。

新作ミュージカルの分団長役は羽原さんがモデルだった

2006年（平成18年）に、地域防災の守り手である消防団員を主人公にした新作ミュージカル「地震カミナリ火事オヤジ」が劇団「ふるさときゃらばん」によって全国上演となった。このミュージカルの主人公は「風神平消防団」の分団長、「川島勇造」なる人物で、そのモデルは、当時、上野消防団第5分団の分団長だった羽原さんだった。劇団の脚本家が東京消防庁の推薦により羽原さんを徹底的に取材し、このミュージカルを書き上げたのである。
ミュージカルを観た人々のアンケートの一部を以下に紹介する。
「分団長がかっこよかったです。今どきあんなオヤジは少なくなってます。身近なネタが多く考えさせられました。とてもおもしろかったです」（29歳・男性・地方公務員）
「人と人とのかかわりってすばらしいですね。地域の人たちと普段からのよい人間関係

を築いていかなくては、と改めて思わせてくれました。私も2児の母。人生ってすばらしいって伝えてゆきたい」（43歳・女性）

羽原さんは、ふるさときゃらばんの公演の千秋楽で舞台に登場した。ミュージカルがはねる時、舞台上で、羽原さんが「私が本物の分団長です！」と宣言すると、ワーッと大歓声があがった。数えきれないほどの人々から「分団長、ありがとうございます！」という声が、羽原さんに寄せられた。

愛弟子とともに

ふるさときゃらばんのパンフレット

アメリカの消防研修で見聞したこと感じたこと

2018年（平成30年）の秋、羽原さんは（公財）日本消防協会が主宰する「消防団幹部等海外消防事情調査（団長：秋本敏文会長）に参加し、西海岸を中心とするアメリカを視察した。

羽原さんが視察研修を通じて最も驚いたことは、全米の消防組織の74パーセントが消防団であり、しかも団員が全くの無報酬で活動していることであった。

羽原さんたちは、サンフランシスコでは国際空港の消防隊を訪問した。同空港消防はサンフランシスコ消防局が担当しており、同空港には観光バスより大きな車両で、その車両内で現場最高指揮官が指揮を執るというモバイル・コマンド（動く消防指揮本部）があった。その車両には、東京・足立区西新井出身のスズキさんという女性がクルーとして乗務していた。

スズキさんはアメリカ人と結婚して渡米、子どもさんにも恵まれた。その子どもさんは消防車が好きで、「マミー、ファイヤートラックを見に行こうよ」とせがんだことから、親子でサンフランシスコ消防局に行くようになった。消防職員ともすっかり顔なじみになり、職員採用試験の受験を勧められたという。最初は無理だと断った。しかし、消防職員から「マミーがファイヤーファイターになったら子どもが喜ぶと思うよ」といわれ、受験を決意し、必死に受験勉強と体力錬成に励み、見事、合格したという。

制服を着たマミーを見た彼女の子どもさんは大喜びだったという。モバイル・コマンド（動く消防指揮本部）のクルーは、テロへの対応等の特殊任務もあり、防弾ヘルメットをかぶり、防弾ベストを防火衣の下に着用し、時には45口径のピストルを腰に差すという。

空港消防では、使用されていない本物の飛行機で消防訓練を行っていた。スズキさんは、超大型戦車のようなレモン色の航空救難車に乗って登場した。スズキさんは、あと2か月、その車両の操縦訓練を行えば、わずかしかいない航空救難隊のクルーになれるのだという。

羽原さんは研修中、一生の思い出に残るところをたくさん見てまわったが、最も印象に

日本消防協会の海外消防事情調査に参加

サンフランシスコ国際空港消防隊・
スズキさん（左）とともに

残ったのは、日本女性のスズキさんの旺盛なチャレンジ精神だったという。

プロレスラー・蝶野正洋氏（(一社)ニューワールドドアワーズスポーツ救命協会代表理事）とともに

日頃、消防団のＰＲをしてくれている蝶野氏に、上野消防団を代表して、羽原団長から感謝状が贈られた。

究極の消防団活動は「一人消防団」だった

新型コロナウイルス感染症が蔓延し、この3年間、消防団もかつてのような活動ができないことが多い。ところが、羽原さんはこの状況を逆手にとって、町内の清掃、消火器の点検、見回り等、一人でもできる消防団活動に取り組んでいる。「お一人様カラオケがあるようにお一人様消防団の活動もある」というアイデアのもと、「一人消防団」代表団長を自称し、一人での活動を続けている。「一人消防団」は1年以上かけて認可登録できたという。本来の組織的な消防団活動のほかに、団員個人が地域のために一人でもできることが何かしらあるものなのだ。

みんなで活動する機会がなくても団員一人ひとりが研鑽に励み、今できることを積み重ねて欲しい、という願いを込めての活動が、「一人消防団」である。すでに何人かの人が「一人消防団」団長と名乗ってそれぞれの地域で活動をしているという。

羽原さんの人助けには、愛情や優しさが溢れている。

しっかりと相手の心情を思い、その時だけではなく、後々まで見届ける人助けなのだ。それも奥さんのふみ子さんとの二人三脚である。羽原さん夫婦は「親子兄弟や孫などの身内以外に、思いを寄せる人たちがいるのは幸せなことだ」という。

お2人の奉仕活動を助けたいと願う人たちが、「バナナの木の会」というグループを結成している。彼らは羽原さん夫妻のファンであると同時に応援団なのだ。

バナナの木の会

バナナの木の会のメンバーとともに

羽原さんにお会いして取材しているう

ちに、あまりにもエピソードが多くて、本稿だけでは紹介しきれないことに気がついた。

本稿で紹介した内容は、羽原克也さん、そして奥さんのふみ子さんのペア作戦のごく一部に過ぎない。

そのことは、飾り切れないほど数多くの感謝状や表彰状が物語っている。羽原さんはまた、藍綬褒章受章の栄誉にも浴している。

羽原さんは人間が大好きなのだろう。スーパーマンにはなれなかったが、消防団のヒーロー、人助けのヒーローにはなっている。石稲荷神社の御祭神は、小学生だった羽原少年の願いを忘れることなく、しっかりと受け止めてくれたのだろう。


羽原克也氏の連絡先は次のとおりです。

羽原克也
（上野消防団第15代団長・上野消防少年団第６代団長）
（東京消防救援顧問・全国ひとり消防団代表団長・防災士）
住所　東京都台東区根岸５丁目10番13号（〒１１０－０００３）
携帯電話　０７０－６６３７－００４６
Eメール　habara１１９@jcom.home.ne.jp

第五話

消防・防災業界の大先達――佐《さ》藤《とう》英《ひで》夫《お》さん。

帝国繊維株式会社特別顧問
佐藤英夫さん

日本の消防を支えてきた立役者
佐藤英夫さん

「消防人」は幅広い。消防職団員はもとより、消防が使用する車両資機材を提供する消防業界に身を置く「消防人」たちもおり、彼らこそ最新鋭の消防機器技術導入の立役者である。

「国家の繁栄は国家の安全から」、「人命救助に妥協なし」、「商材無くして事業なし」……この言葉を胸に刻み、半世紀以上にわたり災害列島「日本」における、高度な防災国家実現のために情熱を燃やし続けてきた消防人がいる。

その伝説上の人物こそ今回紹介する佐藤英夫氏（帝国繊維株式会社特別顧問）である。消防・防災業界一筋に精勤してきた佐藤さんは、極めて温厚篤実な人柄でありながら、ラグビーで培った闘争心を内に秘め、豊かな人間力、卓越した企画開発力で母体企業の苦境を救い、再興の原動力となった立役者でもある。
現在、現場の消防隊員が使用している最新鋭の救助工作車や使い勝手のいい油圧式救助器具等も、佐藤さんたちの開発努力の賜物である。本稿では、その消防に関わる機械（車両、装備資機材等）の分野で道を切り開いてきた佐藤さんの半生を紹介したい。

母体企業の危機を救った熱血漢

最初に、神戸大学の三品和弘教授が日本経済新聞（２０１４年・平成26年11月19日付）に掲載した「傍流人材、母体企業で登用」と題する記事を引用し、佐藤さんの実績を紹介したい。この記事には、直接、「佐藤英夫さん」とは書かれていないが、事情通ならば一読しただけで佐藤さんのことだと合点《がてん》がいく。以下、三品教授の記事から要旨を引用する。

「帝国繊維は、明治時代の初頭に起源をもつ日本の製麻企業が大同団結して、１９０７年（明治40年）に設立された会社である。麻は自給可能な国産素材で、大変丈夫なため有望視されていた。それなのに戦後は合成繊維に押しやられ、帝国繊維は苦難を強いられた。

この老舗企業を意外な人物が救出する。同社は麻の特性を活かした消防ホースを戦前から製造し、消防機材店ルートで販売していた。その販売子会社に採用された営業担当の社員が親会社の消防ホースを売るために置かれた販社で、ホースの大量受注（５、５００本）に成功した。彼はまだ若干20代の若者であった。こうして生まれた防災事業が帝国繊維の新しい大黒柱に育っている。防災事業は売上高で繊維事業を逆転しただけではなく、営業利益の稼ぎ頭に躍り出た。けん引役を務めた人物（筆者注記：佐藤英夫氏）は、請《こ》われて帝国繊維に転籍し、常務取締役も勤めた。防災事業の指揮を執り続けた期間は30年以上に及ぶ。

　多くの企業は中核事業が傾き始めると人材を本社から子会社に移そうとする。その流れを逆転させて帝国繊維は事業立地の転換、すなわち転地に成功した。」

　この記事のとおり、佐藤さんは社業を通じて消防の近・現代化に大きな貢献を果たしてきた熱血漢であり、その佐藤さんの活躍なしには帝国繊維の事業転換や継続も困難であったことだろう。

　帝国繊維というネーミングからは、想像もできないほど同社の事業範囲は広く、まさに「総合企業体」である。昨年、総務省消防庁に納入され、現在は大阪市消防局で運用している大型水陸両用車（レッドヒッポ）も同社の取扱い車両で、内藤尚志消防庁長官（当時・現総務事務次官）はじめ同庁幹部への説明役を勤めた一人が佐藤英夫特別顧問であった。

福島県の相馬に生を得て……苦難の少年時代

佐藤さんは、1935年（昭和10年）に福島県の相馬郡八幡村（現・相馬市）に生まれた。7人兄弟姉妹の6番目で、父親は士族出身の佐藤武清氏で地元の国民学校の教員であり、戦時中には国民学校の校長を務めていた。

福島県には県内を分ける3つの地域の呼び名がある。阿武隈山系より海側が「浜通り」と呼ばれ、国道6号線沿いである。阿武隈山系と吾妻連峰の間は「中通り」、吾妻連峰から新潟県境までは「会津地方」と呼ばれている。佐藤さんは浜通りに位置する太平洋岸の相馬地方で生まれた。

相馬は「相馬野馬追」の伝統行事が有名で、福島民謡といえばその代表格が「相馬盆唄」であり、かつては相馬藩がその地域一帯を治めていた。

佐藤さんが国民学校（現在の小学校）1年の時に太平洋戦争が勃発した。佐藤さんは軍国少年として「将来は海軍大将」を夢見て日々を送った。緒戦の成功もつかの間で、戦局は日々に悪化、やがてB29による本土空襲もはじまった。生活物資は次々と配給制になり、家にある刀剣等、金属製品は強制供出になり、夜も空襲に備えての灯火管制があり、明るい電灯の下での夕食は許されない窮乏生活を過ごした。

やがて1945年（昭和20年）8月15日、天皇陛下の玉音放送を通じて子どもながらに日本の敗戦を知った。日本の勝利を信じて疑わなかった佐藤少年は子どもながらに大きなショックを受けたという。

終戦後も苦難は続いた。佐藤さんが中学生の時に父親が急逝し一家は大黒柱を失った。そのため、一家は戦時中同様の厳しい生活を送ることになった。佐藤さんは地元の双葉高校に進学したものの、高校生でありながら農地測量等のアルバイトをして自分の学費をまかなう苦学生であった。そんな貧しい生活の中でも、好きなラグビーに情熱を傾ける元気のいい高校生でもあった。

大学を卒業後、商社マンの夢をあきらめ船山商店に入社

佐藤さんは、高校を卒業すると、当時、東京都中野区に御屋敷を構えていた旧相馬藩藩主宅に同居し、家族同様の生活を送りながら、人生観等についても幅広く学ぶことできたという。中学校高校時代には、当時まだ小学生だった第44代旧相馬藩主やその弟が、夏休みを利用して佐藤さんの実家に遊びに来ることがあり、「郷土の歴史」等を学びながら乗馬や水泳を一緒に楽しんだという。

佐藤さんは、中野から横浜市内にある神奈川大学法経学部外国貿易学科に通学し、高校時代同様にアルバイトをしながら同大学を卒業した。

佐藤さんは、高校、大学を通じて「ラグビー」で心身を鍛え、強い団結心と闘争心を培ったことが、生涯の財産になったと言う。大学でもラグビーに打ち込んだが、大学４年の

時に試合中に肋骨にひびが入り、止む無くラグビー部を退部した。佐藤さんは戦中戦後の窮乏生活の中で培われた忍耐力が、その後の精神的原動力になったと述べている。

佐藤さんの夢は国内外で活躍する商社マンだったが、川崎市内にある日本鋼管でアルバイトをしながらの学生生活では、十分な勉強時間も取れなかった。そのため商社マンになる夢はあきらめ、1957年（昭和32年）に消防機材の専門店であった日本橋小網町の株式会社船山商店（以下「船山商店」という。）に就職した。当時、帝国製麻株式会社の株主だった「43代目旧相馬藩主」から、同社への就職を勧められたが、「帝国製麻は業績が悪く、今年の本社採用はなし」と言われ、消防ホースの販売代理店だった船山商店に預けられた。

船山商店の社長以下の集合写真（佐藤さんは左から５人目、船山社長は左から２人目）

帝国製麻は当時、「麻ホース以外は消防ホースにあらず」という伝統的な考えに固執していた。ところが、当時、消防ホースは天然素材から合成繊維に切り替わる過度期にあった。欧米ではすでにゴム引きホースに切り替わっていた。「もはや戦後ではない」という言葉が流行した頃でもあった。

船山富作社長からは入社に際して、「消防の仕事は、国民の生命と財産を災害から安全に守ることである」という訓示があった。入社して間もない佐藤さんは、その船山商店で消防用ホースを中心とした営業活動から、消防防災機器全般の開発・販売までを行うようになった。

日本における消防ホースの歴史

佐藤さんの半生を語る時に「消防ホース」の話題は欠かせない。まずは、佐藤さんの人生を変えた消防ホースに注目し、その後に佐藤さんの実績などを紹介する。

消防ホースは、消防ポンプ自動車等によって吸水し加圧された水を火災現場等に送水する用具であり、今から４００年ほど前にドイツで使用された消防ホースが世界最初のものだという。最初の消防ホースは、皮ホースであったが重量がありしかも硬いために、やがて亜麻《あま》などの麻織物で丸く織《お》ったものになった。その後、合成繊維の発明やゴム製品の加工技術により、現在、日本で使用されている「合成樹脂張りの軽量ホース」が開発され、今日に至っている。

ここで一般的な日本の消防ホースについて簡単に紹介したい。ホースの長さは20メートルあり、ポンプ車1台に約30本（全延長で６００メートル）くらいのホースが積載されている。そのホースの太さは直径65ミリメートル、50ミリメートル、40ミリメートルの３種類である。日本で最初に現在につながる「消防ホース」を製造・開発したのは、佐藤さんが特別顧問を勤める現在の帝国繊維株式会社の前身企業であった。

今から１２０年も前の１９０３年（明治36年）に、日本製麻大阪工場で麻ホースが国産第１号の消防ホースとして製造された。麻は国内供給が可能な唯一の繊維資材原料であった。北海道を中心に亜麻の栽培が行われ、同時に国の殖産振興政策の一環として、全国各地に麻紡績・麻製織工場が建設された。帝国繊維株式会社は今もなお、その伝統と最新技術を誇る消防ホースメーカーとして、トップシェアを維持している。

帝国繊維という会社の過去・現在そして未来

ここで帝国繊維株式会社（以後は「帝国繊維」と略称する）創業の歴史について触れたい。同社の歴史は日本における製麻事業の歴史そのものである。

１９０７年（明治40年）７月、日本製麻と北海道製麻の合併により「帝国製麻」が設立された。その事業は、明治・大正・昭和の国運隆盛期を通じて、広く国家的貢献を果たしてきた。戦前の１９４１年（昭和16年）には、太陽レーヨン株式会社と合併して「帝国繊維」と社名を変更している。

帝国繊維は１９５０年（昭和25年）、繊維業界で唯一財閥企業解体の対象となって分割された。さらにその後の繊維産業の（天然繊維から合成繊維への）素材転換、産業素材としての麻素材への需要激減などから、苦難の歴史を歩む時期が続いた。１９６１年（昭和

36年）には、東証一部に上場している。

一方、佐藤さんはもっぱら販売を行う船山商店（後の「帝商株式会社」）に勤務中、営業手腕およびユーザーニーズを踏まえた製品等の開発、製品化に関する卓越した知見と企画開発力を発揮した。その佐藤さんの顕著な実績や知見等が買われ、１９８２年（昭和57年）に１００パーセント出資子会社の帝商株式会社から帝国繊維に転籍している。

佐藤さんは、社業の主軸を繊維部門から防災部門への営業比率転換による業績向上の牽引役となった。転籍後においては、業績低迷が続く帝国繊維を立て直しするために、消防用ホースを主軸に広く消防防災関係の業務を展開することを提言した。さらには持論である「人命救助に妥協なし」を旗頭に、社内を説得し、防災部門の事業拡大のために国内外における調査、アイデアの創出、製品の紹介をはじめとする営業活動を積極的に実施することを事業戦略とし、これを率先して実践した。これにより、現在では帝国繊維の防災部門の営業比率が全体の約80パーセントを占めるまでになっている。

帝国繊維の現在の事業分野は、消防用・送排水用ホース、救助工作車、送排水システム車、空港用大型化学消防車、安全防護服などを扱う防災分野、セキュリティ事業分野、麻製品、特殊機能繊維製品を扱う繊維事業分野、大垣、鹿沼ショッピングセンター等の不動産賃貸事業分野の４分野からなる総合企業体である。

５、０００本を超える消防ホースの大量納入に成功

話をもとに戻し、大学を卒業し社会人となった佐藤さんの活躍ぶりを紹介する。

佐藤さんが入社した船山商店（現・帝商株式会社）は、その当時、帝国製麻株式会社の系列下にあるホース特約代理店であった。当時、帝国製麻は天然素材から合成素材に切り替わる変わり目で大きな苦境に立たされていた。佐藤さんは「思う存分に仕事ができる」と小躍りして持ち前の情熱を仕事に振り向ける熱血漢であった。

佐藤さんが船山商店に入社した頃、帝国製麻は前述のように、「麻ホース以外は消防ホースにあらず」という経営思想の時代であった。一方、競合他社のＡ社やＢ社では試験的に「ゴム引きホース」を開発し市場参入をしていた。東京消防庁でも試験的にゴム引きホースの運用を開始した頃であった。

佐藤さんは船山商店入社２年目の１９５９年（昭和34年）、タイ国向け賠償輸出用として「麻ジャケットゴム引きホース」を製品化させ、５、５００本の大量受注に成功した。

この案件は、トヨタ自動車販売が窓口となり、タイ国にランドクルーザー型消防車４５０台と消防ホースなど装備品一式を輸出する大プロジェクトであった。

当初、ホースの仕様は「ラテックスラバーラインホース」指定であり、他社のゴム引きホースが納入されると見られていた。

血気盛んで怖いもの知らずの佐藤さんは、タイ国への大量輸出の担当者であるトヨタ自

動車販売の担当者に食い込んでいった。その頃、帝国繊維で試験的に作っていたゴム引きホースを、タイ向けの仕様に10本ほど作り替えてもらった。その試作ホースをもとにトヨタ自動車販売の担当者に談判し、他社に決まりかけていた流れをひっくり返してしまった。

佐藤さんの機転で、船山商店は麻ジャケットゴム引きホース５、５００本の大量受注に成功した（この時点では帝国繊維はまだ船山商店の親会社ではなかったことから、製造メーカーとしての帝国繊維に製造を依頼した。）。このことが契機となり、帝国繊維も麻ホースからゴム引きホースの生産体制への移行が実現した。系列会社の若干20代の社員が母体企業の苦境を救い再興の救世主となったのだ。

入社間もない佐藤さんだったが、その当時から「企業トップの意識」で動いていたことがわかる。情報の先取りと人間力（思考力・闘争心・行動力）の向上に努め、「商材なくして事業なし」との信念から新たな商材の開発に没頭する日々であった。

油圧式救助器具の導入から救助工作車の開発まで

佐藤さんが入社した「船山商店」は、その3年後の１９６０年（昭和35年）に帝国繊維（以後は「テイセン」という。）の１００パーセント出資の子会社となり、その社名も「帝商株式会社（以下「帝商」という。）」に変更となった。

佐藤さんは「帝商」で持ち前の闘争心、人間力をフルに発揮して同社の事業と業績を飛躍的に伸ばしていった。

その中でいくつかの特筆すべき内容を紹介したい。なお前述のとおり、佐藤さんは1982年（昭和57年）にはその驚異的な営業実績や知見等が認められ親会社のテイセンに転籍している。本稿では、佐藤さんの新たな商材の輸入や開発は継続性があり、「帝商」から「テイセン」に転籍した後も持続した活動であることから、勤務先の別なく、まとめてその業績を紹介する。

佐藤さんはまた、テイセンに転籍した後は常務取締役等に選任され、防災部門の部門長として統括指揮をする立場でもあった。その当時、消防ホースだけでは事業の先行きが不透明であった。実際に消防ホースだけの会社は、淘汰され消えていった。佐藤さんにとって営業の最前線での「商品開発と新規市場の開拓」は事業の両輪のようなものであった。

消防の現場で必要とされるものは何か、消防の現在のニーズと将来的なニーズを予測してタイムリーに商材を提供したい。それが佐藤さんの願いであり、常に新たな商材開発が至上命題であった。

① わが国初の油圧式救助器具「ルーカスレスキューツール」の輸入販売と改良改善と普及

昭和50年代、テイセンはドイツのＦＡＧ社製の大型油圧式救助器具（ルーカスレスキューツール）の日本における総販売店としての権利を獲得した。

その当時からヨーロッパを中心に、救助活動の際に障害物の切断排除用に広く使用されれていた。ところが当初の機器は、欧米人の体格に合わせて作られていたため、重くて扱いづらい機器であった。

佐藤さんは、メーカー側に対して、日本人の体形にあわせてアルミ合金の使用による軽量化を進言した。その結果、切断・破壊能力はそのままに、鉄製のアーム部分をアルミ合金製に変更して、機器の軽量化に成功し、全国の消防本部、緊急消防援助隊、国際消防救助隊に数多く納入され、人命救助活動に大きく貢献した。また、消防以外にも自衛隊、警察庁等全国の警察本部等にも広く普及することとなった。

1986年（昭和61年）にわが国の救助体制が法制化され、その主要救助器具として指定されて以来、テイセンは現在まで販売シェア1位を占めている。なお、テイセンが重量物排除用救助器具「エアーマイティ（空気式ジャッキ）」や空気圧式切断機「エアーカッター」などを輸入したのもわが国で初めてであり、日本人の体格に合わないものは改良改善を図りながら普及に努めた。それによって、さまざまな災害現場での人

帝国製麻初期のゴム引きホース（タイ国に輸出したのと同種のホース）

命救助活動に貢献するとともにテイセンの防災事業の新たな基礎が作られたという。

以上のような実績が評価され、佐藤さんの提言により海外製の大型救助資機材の販売などがテイセンの社内方針となり、油圧式救助器具、重量物排除用救助器具及び空気圧式切断機の普及が大々的に行われた。やがて救助器具を積載する消防車両にも目が向けられるようになった。

② わが国初の「本格的救助工作車」の開発と特許の取得

昭和50年代前半には、専用の救助工作車などが存在しない時代であり、エンジンカッター等救助資機材をポンプ車に積載して救助活動を行っていた。

佐藤さんは、１９８０年（昭和55年）、ドイツのハノーバー市で開催された消防国際見本市を視察し、世界各国の消防車や救助器具等の資料を収集し、これを参考にして本格的救助工作車を開発した。佐藤さんは、艤装工場で海外の救助工作車の設計図面等をもとに日本の車台（シャーシー）にあわせた設計図面等を作成し直した。艤装作業では自ら陣頭指揮を執りながら、国内初となる救助工作車の開発、製品化に尽力し、「救助装置総合積載自動車」として、１９８３年（昭和58年）には特許を出願し、後年に取得している。

日本初の救助工作車の誕生である。ルーカスやエアーマイティ等、テイセンの大型救助器具の販売戦略の目的として開発した救助工作車を、わが国初の「東京消防防災展（１９８２年・昭和57年11月、東京晴海）」に出展し大好評を博した。その翌年の１９８３年（昭和58年）以降、全国の消防本部を対象に帝商とキンパイ商事、各県特約店の協力等を得て大型救助器具と救助工作車をセットでデモンストレーションを行ったところ需要が急増したという。

その後、当初から要望していた「救助器具、救助工作車」に係る法制化が承認され、「救助隊の編成・装備及び配置等の基準を定める省令」が、１９８６年（昭和61年）に公布され、昭和62年１月１日付で施行された。この法制化に伴い、需要が20台から60台へと急増し、ルーカスの救助器具も救助工作車も常に70パーセント以上のシェアを確保できたという。

③ ドイツの消防国際見本市から空港用大型化学車の輸入まで

１９８０年（昭和55年）、世界最大の消防国際見本市インターシュッツがドイツのハノーバーで開催され、当時「帝商」に勤務していた佐藤さんは、東京消防機器研究会の一員として初めて同見本市を視察し度肝を抜かれてしまった。見本市会場で配布しようとカタログ10冊を持って会場に乗り込んだが、ショックを受けてしまったのだ。それまで「井の中の蛙《かわず》」で、海外における最先端の消防装備機器の実情を知らなさ過ぎた。「一日の長を認めざるをえない」心境であり、カタログを関心のある向きに渡すだけに終わった。

見本市は、想像していたよりもはるかに大規模で最新式の消防車両や消防設備機材が大々的に展示されていた。

佐藤さんは、この消防国際見本市に参加した頃が「近代消防の黎明期」、「夜明け」であったと述懐する。この視察を契機に海外メーカーとの交流を拡大することとなった。

左が佐藤さん。隣の男性はＦＡＧ社のブリッツ氏（ドイツにて）

1980年、ドイツの消防国際見本市インターシュッツ視察一行団がロンドン消防局を訪問した時の写真。佐藤さんは後列左から５人目

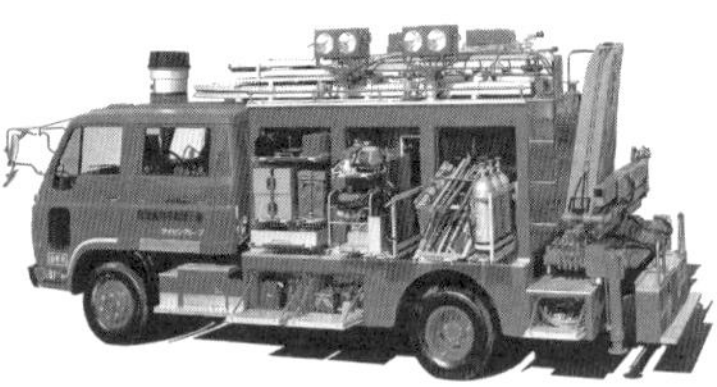

1982年（昭和57年）11月、わが国初の東京消防防災展（現在の東京国際消防防災展）に出展した本格的な救助工作車

オーストリアのリンツに本社を構えるローゼンバウアー社は、空港用の大型化学消防車等のトップメーカーである。この車両には走行用のエンジンとは別に消防ポンプ用のエンジンが装備されているために、炎上しながら着陸した航空機に並走しながら消火活動ができる機能を備えている。

佐藤さんは１９９４年（平成６年）に、ローゼンバウアー社の「空港用大型化学消防車」を関西空港に２台初納入することに成功すると、それ以降、全国の主要空港への納入を続け、業績向上に大きく貢献し主要事業の一つとなった。

④ 大量送水システム「ハイドロサブ」について

１９９１年（平成３年）、佐藤さんがテイセンの取締役で防災事業の統括責任者の時に、「ハイドロサブ」（通称「動く水源」）を輸入し製品化し特許を取得した。ハイドロサブは当時、国内初の大量送水システム。大規模災害時の大火災に有効で、大量送水に対応した大口径ホースの開発にもつながり、これをもとに海水利用型遠距離大量送水システムが創設された。

ハイドロサブのシステム導入は、東京消防庁からの強い要望もあり実現したものであった。東京消防庁はその後、阪神・淡路大震災を契機としその翌年の１９９６年（平成８年）、大規模災害時の大火災に対応するための消火栓の補完水利、遠距離大量送水システム（愛称「スーパーポンパー」）を国内第１号車として導入した。

その後、総務省消防庁が全国の消防本部の隊員、車両等で編成される緊急消防援助隊を創設し、その補助事業として主要消防本部に、この遠距離大量送水システムを配備することとなった。また、大量送水システムは進化を遂げ、原子力発電所施設事故の際には３００ミリホースを用いて炉心冷却システム、水害時には「大量排水システム」として活用されることになる。

東日本大震災における東京電力福島第一原発事故では、東京消防庁のハイパーレスキューがテイセンの大口径ホースと大容量送水ポンプを活用した。放射能汚染の過酷な現場で、電源が喪失した燃料プールに大量の海水を注水して溶融による放射能のさらなる拡散を防ぎ、国難を救った貢献は実に大きく、長く歴史に刻み込まれることであろう。

初納入されたローゼンバウアー社の大型化学消防車

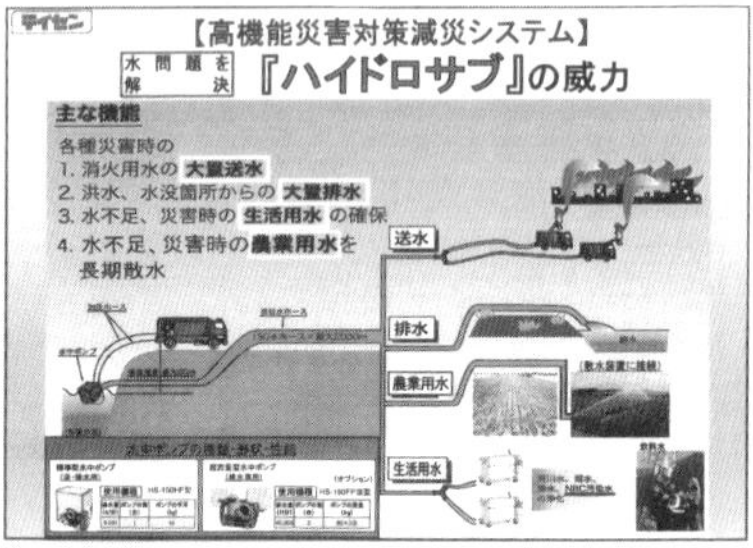

「ハイドロサブ」は送水・排水など多様性ある減災・縮災システム。1991年（平成３年）に東京消防庁の強い要望があり導入し、1996年に同庁にスーパーポンパー第１号車を納入した

ハイドロサブはこのように、多くの災害現場に出動し、機能性ある減災・縮災システムとして実証され、今や巨大災害に備えるための大きな社会的ニーズとなっている。

１９８３年（昭和58年）10月に伊豆諸島の三宅島（東京都三宅村）雄山が噴火し、東京消防庁の派遣部隊により溶岩流を冷却するための活動が行われたが、海面から吸水しようとしても、消防ポンプの吸水管は波に浮いてしまい吸水することが困難で、隊員が３人がかりで吸管のストレーナー部分を海中に押し込んでようやく吸水できたという状況があった。同庁の水利課がこの状況に対し、吸水管ではなく、海水の浮沈に耐える大型水中ポンプを採用したという逸話もある。

大規模災害に対応する大量送排水システム、ハイドロサブは、消防以外にも、各市町村や原子力関連施設や石油コンビナートなど、基幹産業界においても継続納入されるに至った。

佐藤さんが考案した主な特許・実用新案について

大学の貿易学科で学んだ典型的な「文系」人間の佐藤さんは、その一方で何にでもチャレンジする気概を持ち、「やってみなけりゃ分からない」とばかりに、技術分野においても奮闘した。そしてその成果が、特許・実用新案として結実することになった。

佐藤さんは、１９８３年（昭和58年）に「救助装置総合積載自動車（救助工作車）」の考案者となったが、この車両には折りたたみ格納可能な自動昇降式照明装置（ステムライト）及び上下開閉式シャッターを有する救助器具格納庫が設置されている。１９８４年には、水圧反動力を軽減した安全放水器具としての「ノズル付き万能管鎗」を、さらに１９９３年（平成5年）には消防装置として大量送水システム（ハイドロサブ）を考案するなど、佐藤さんは、営業活動だけではなく、研究開発の分野においても顕著な実績を残している稀有な存在である。

佐藤さんはまた、消防機器業界の発展のためにも努力を惜しまなかった。その一例を挙

佐藤英夫氏の主な経歴・業績等の簡易年表

年（年齢）	主な出来事
昭和10年（1935年）	福島県相馬市に生まれる。
昭和16年（1941年）	帝国製麻㈱から帝国繊維㈱に社名変更。 （その後、昭和25年に帝国製麻㈱に社名変更し、昭和34年に再び帝国繊維㈱に社名変更）
昭和32年（1957年）（22歳）	神奈川大学法経学部外国貿易学科を卒業し、帝国製麻㈱のホース特約店㈱船山商店（現・帝商㈱）に入社。
昭和34年（1959年）（24歳）	タイ国向けの戦時賠償輸出用「麻ゴム引きホース」5,500本の大量輸出に成功。
昭和35年（1960年）（25歳）	㈱船山商店は帝国製麻㈱の100％出資子会社となり、社名も帝商㈱に変更。
昭和43年（1968年）（33歳）以降	わが国初の油圧・空気圧式救助器具の輸入販売を開始して救助市場を形成、人命救助に貢献するとともに防災事業の基盤を固めた。
昭和44年（1969年）から	○　帝商㈱防災部販売課長就任、昭和54年からは取締役防災部次長。
昭和55年（1980年）（45歳）	世界最大の消防国際見本市がドイツで開催され初視察。海外メーカーとの交流を拡大するきっかけとなり、防災事業の拡大発展に貢献した。
昭和57年（1982年）（47歳） 昭和57年12月（47歳）	わが国初の「救助工作車」を開発し、販売を開始した。 帝国繊維㈱に転籍、防災部次長。
昭和61年（1986年）（51歳）	救助隊の装備・編成の基準作りに協力した結果、救助需要が急増した。
昭和62年（1987年）（52歳）	東村山市の松寿苑火災を教訓として「一人操作用消火栓」と「保形ホース」の開発を指導。消防法の改正により福祉施設の安全安心に貢献。
平成元年（1989年）（54歳）から	○　取締役、防災部長。
平成３年（1991年）（56歳）	わが国初の大規模災害対応、大量送排水システム「ハイドロサブ」の輸入取引を開始した。
平成６年（1994年）（59歳）	ローゼンバウアー社の「空港用大型化学車」を関西空港に初納入。それ以降、全国主要空港に納入し業績向上に大貢献。通水加速ホース（リブ付きホース）の開発を指導。ホース増販に貢献。
平成７年（1995年）（60歳）	阪神・淡路大震災の教訓から各省庁で緊急補正予算を編成、救助器具を大口納入し、事業拡大に貢献した。
平成21年（2009年）（74歳）から	○　常務取締役、防災部門長。（以下、省略）

げると、日本消防ポンプ協会の専門部会として設置された「救助装備部会」の初代部会長に就任し、「人命救助に妥協無し」の言葉を胸に、引き続き救助装備資機材の性能向上と普及に努めている。

効果的な消防活動を陰で支える消防人

佐藤さんは、テイセンの常務取締役として商材の開発、輸入業務、関係先への幅広い営業活動の陣頭指揮を執ってきた。その後、上級顧問を経て、現在も特別顧問として可能な限り商戦の最前線に立っている。今後発生が予想される巨大地震、火山噴火、風水害などの大規模かつ複雑多様化する災害等から国民の生命・財産を守るために、消防機器製造販売業の一員としてその歩みを止めることはない。

佐藤さんは常に、各消防関係機関の要望、要請などを取りまとめることに努めてきた。そのような日頃の地道な活動が高度な防災国家を目指し、減災・縮災システムの開発・普及につながっている。

佐藤さんは、２０１４年（平成26年）、その顕著な功労により黄綬褒章受章の栄誉に浴している。佐藤さんは同郷の紀子さんと結婚し、その奥様の内助の功もあり顕著な実績と信頼を勝ち得てきた消防業界の先達である。

福島県相馬地方は東日本大震災や東京電力福島第一原発事故により甚大な被害を受けた

平成８年、東京消防庁に納入されたスーパーポンパー第１号車（２台で構成されている）

1983年（昭和58年）の三宅島噴火の際には、吸水管が海上の波によって浮きあがらないよう、３人がかりで抑え込んだ。これが「スーパーポンパー」導入の契機となった

世界的な大型化学消防自動車メーカーのローゼンバウアー社の本社工場（オーストリアのリンツ市）

地域である。その相馬地方に生を受け、高校、大学ではラグビーに打ち込み不屈の闘争心を培った佐藤さんは、その強靭な精神力、そして人間力によって消防人としての金字塔を打ち立てた。だが、今もなお後進の指導を行い、また営業の最前線でも活躍している現役のテイセンマンである。

　注目すべきは、かつて商社マンとなる夢を断念した佐藤英夫さんが、総合商社の商社マンをもしのぐ実績を挙げ続けてきたことである。結局、佐藤さんは形を変えて青春時代の夢を叶えたのではないだろうか。「人命救助に妥協なし」は災害現場を預かる消防職団員にも共通のことばでもあろう。

佐藤英夫氏の連絡先は次のとおりです。

帝国繊維株式会社
東京都中央区日本橋2－5－1
日本橋高島屋三井ビルディング
代表電話　03－3281－3022

【引用・参考文献】

日本消防検定協会のホームページ「消防機器早わかり講座」消防用ホース
帝国繊維株式会社のホームページ「テイセン版ちょっとためになる話」

第六話

川崎消防の肝っ玉母さん――古《こ》尾《び》谷《や》敏《とし》江《え》さん。

全国初の女性消防官
古尾谷敏江さん

1969年（昭和44年）に全国で初めて誕生した婦人消防官たち

消防は伝統的に男社会であった。その男社会の一つであった川崎市消防局に、婦人消防官第1期生として採用され、42年間にわたる消防人生を全うしたのが古尾谷敏江さんである。

よく消防は警察と比較されるが、警察の場合には戦後まもなくから婦人警察官が勤務に就いていた。1946年（昭和21年）3月18日には、全国に先駆けて警視庁に女性警察官63名が採用された。消防では、1969年（昭和44年）に川崎市消防局と横浜市消防局が初めて「婦人消防士募集」を行った。

採用人員は、川崎市消防局12名、横浜市消防局10名の合計22名であり、神奈川県下の2大消防局が日本における婦人消防官（当時）採用の先駆けとなった。

この昭和44年のヒット曲のひとつが、いしだあゆみの「ブルー・ライト・ヨコハマ」であった。古尾谷さんは、「ブルー・ライト・ヨコハマ」の舞台、横浜のど真ん中で生まれ育った「浜っ子」だが、消防の採用試験を受けたのはお隣の川崎市消防局であった。川崎市消防局は高卒から受験できたが、横浜市消防局は短大卒以上とハードルが一段高かったからだ。古尾谷さんは高校卒業と同時に、消防の世界に飛び込んだ。

　だが、婦人消防官（以下「女性消防官」という。）を採用した消防局上層部と現場の消防署員の温度差は驚くほど大きかった。女性消防官がポンプ車に触っただけで「消防車に触るな、汚《けが》れる」と本気で怒鳴る署員もいた。まさに男尊女卑の典型的な職場であった。

川崎市消防局婦人消防官第１期生の12名

　じつは川崎市の女性消防官1期生は、採用後7年を過ぎたころには古尾谷さん1人だけとなった。他の同期生が結婚や出産を機に次々と職場を去ったからだ。古尾谷さんも結婚し３人の子供さんを育てたが、「辞めることはいつでもできる」と自らに言い聞かせ、たった1人の1期生として、ご主人や職場の仲間に支えられ定年退職までの42年間を勤め上げた。

　古尾谷さんが今日につながる女性消防官の多彩な活動の足がかりを築き上げた功績は大きい。古尾谷さんは２期生、３期生へと順次「こころのバトン（絆）」を伝え続けた。孤立しがちな女性たちの交流と「絆」を深めるための任意組織、ＦＦＷ（現在のＪＦＦＷ：Japan Fire Fighting Women's club、日本女性消防職員の会）立ち上げのきっかけを作ったのは、古尾谷さんをはじめとする川崎市消防局の仲間であった。

日本初の女性消防官として、手探り状態で道を切り開いてきた古尾谷さんは、いつの間にか、川崎消防の女性の「お母さん役」から、ＪＦＦＷの活動を通じて、全国の女性消防官みんなの「肝っ玉母さん」になっていた。

ダイジェストで見る古尾谷さんの半生

古尾谷（旧姓：榊原）敏江さんは、１９５０年（昭和25年）に横浜市中区で生まれた。両親と父方の祖父母等の大人に囲まれた中で大切に育てられた。小学校は地元の横浜市立元街小学校に通い、中学校は横浜女子商業学園中学校（現在の中央大学付属横浜中学校）、高校も横浜女子商業学園高校商業科（現在の中央大学付属横浜高校）に進学し、１９６９年（昭和44年）に卒業した。高校の卒業生は銀行や大手のメーカーに就職する者が多かったが、古尾谷さんは身体を動かすのが好きでできれば人の役に立つ仕事がしたいと考え、当初は警察官志望であった。ところが、卒業の年には神奈川県警の採用試験がなかった。

その時、川崎市消防局の「婦人消防士募集」のポスターを見て「ピッ」ときたという。

チャレンジ精神旺盛な古尾谷さんは、「警察がだめなら消防に入ろう。人の役に立つ仕事だから」と考え、高校３年生のときに採用試験を受けた。40数名の受験者のうち古尾谷さんを含む12名が合格し、そのうち既卒の合格者４名は２月に採用となった。

まだ高校生だった古尾谷さんは同年４月に採用された８名の１人となり、合計12名が１期生となった。

横浜市消防局も同年４月採用だったため、僅差で川崎市消防局が日本初となった。ちなみに、東京消防庁の女性消防官採用は１９７２年（昭和47年）だった。

放水訓練（消防学校卒業アルバムより）

通常点検（消防学校卒業アルバムより）

古尾谷さんを含めた川崎市消防局の12名と横浜市消防局採用の10名の合計22名の女性消防官は、神奈川県消防学校で4か月間の初任教育を受けた。この時の横浜消防1期生の班長が秦好子さんで、彼女とはこの時から変わらぬ交流が続いている。消防学校卒業後は川崎消防署の予防係に勤務し、その後は消防署が変わっても予防係担当が長く続いた。

この間に、職場の先輩と結婚、出産し3児の母として子育てをしながら、たった1人の女性消防官1期生として勤務を続けた。その後、1992年（平成4年）には、消防局の予防部予防課に異動した。3年後の1995年から2年間は財団法人日本消防協会に出向して新設の「女性消防団課」に勤務した。1997年には消防局総務部人事課で採用担当となり、その後は「男女共同参画担当」となった。2001年（平成13年）には川崎消防署の予防係長となり、2009年（平成21年）に川崎消防署予防課長に昇任するまでの間は、副主幹や課長補佐として各消防署で勤務した。

古尾谷さんは2011年（平成23年）、定年退職を迎えて42年間勤務した川崎市消防局に別れを告げた。退職した直後の1か月間は、東日本大震災で被災した気仙沼市にボランティアとして入った。横浜消防の秦好子さんと一緒の活動であった。同年5月から川崎アゼリア株式会社（店舗約150を数える大規模地下商業施設）の渉外担当課長を務め、2016年に同社を退職した。その後は、一般財団法人神奈川県消防設備安全協会の専任講師等を現在まで勤めている。古尾谷さんは横浜消防の秦さんとともに、ボランティアとして新潟水害、中越地震、熊本地震等、各地の被災地で活動を続けている。また、後述するようにJFFWを立ち上げ、その運営を続けてきたコアメンバー（前代表）である。その後、古尾谷さんは2020年（令和2年）11月、永年の顕著な功労実績により瑞宝単光章受章の栄誉に浴している。

女性消防官第1期生の古尾谷敏江さんは、誰に対しても愛情深く穏やかに接する人柄で、まわりの方々との交流や「絆」を大切にするその姿勢は42年間変わることはなかった。その包み込むような温かい人柄や、人々との絆を大切にする姿勢は、川崎市消防局やJFFWの後輩にも確実に引き継がれていくことだろう。

国際色豊かな暮らしの中で活動的な少女であった

古尾谷敏江さんは、1950年（昭和25年）生まれのハマッ子（横浜育ち）である。

古尾谷さんは横浜市立元街小学校に入学したが、同校には、アメリカや中国などほぼあらゆる国の子どもが学んでいた。古尾谷さんは、そろばんが得意で小学校6年生の時にすでに1級検定に合格していた。その関係で、アメリカ人の友

幼少時代の古尾谷さん

だちの家にそろばんを教えに行ったりもしていたので、ふだんから外国人の暮らしを身近に見聞することが多かった。

　小学校では、同じクラスに知的障害を持つSさんがいた。今のように個別支援学級等がない時代で、出席番号が近かったこともあり、6年間どこへ行くにもSさんと一緒の行動で、それは小学校卒業まで続いたという。古尾谷さんは小学生の時からのそのような体験を通じ、面倒見がよく温かく心配りする性格を自然に身につけていったのだろう。

　古尾谷さんは、小さい時から活発な子どもで、体育が大好きで、徒競走はいつも一番でリレーの選手でもあった。

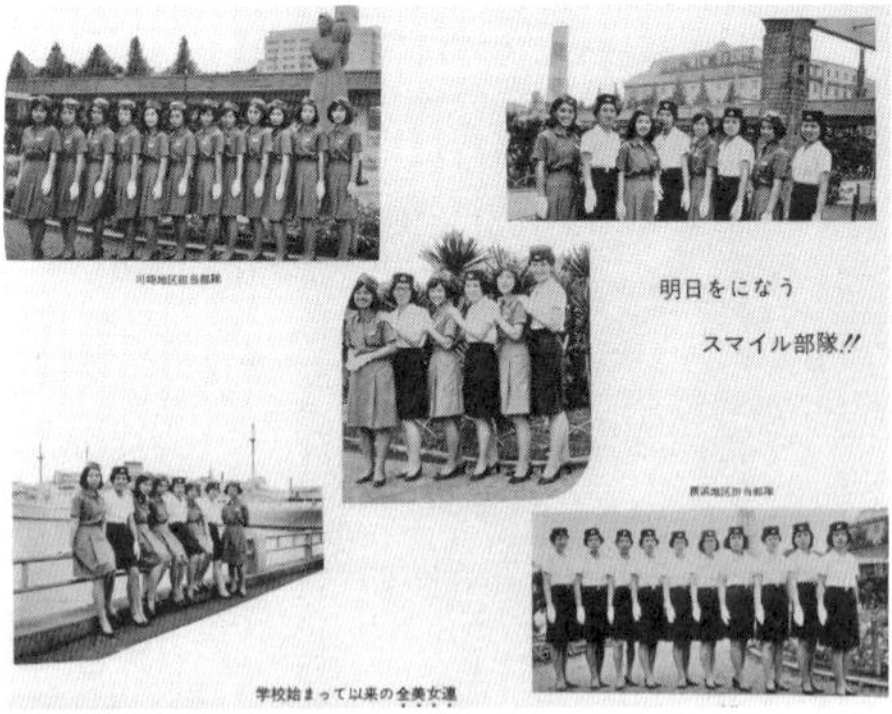

消防学校卒業アルバムより

　運動だけではなく、算数やそろばんなども得意で、しかも明るくて人馴れしていたので、小学校も大変楽しかったという。もともと、祖父母の家で暮らしていた時から、多くの人々が立ち寄るにぎやかな家族で、人々の交流が盛んだったことから「人馴れ」した子どもであったという。そろばんが好きで得意だった古尾谷さんは、商業系の学校を希望して横浜女子商業学園中学校とさらに同高等学校に通った。古尾谷さんは数字的なことが好きで商業科目が面白く、得意な簿記など取れる資格は全て取得して卒業した。

そして、古尾谷さんは、日本で初めて女性消防官採用に踏み切った川崎市消防局の採用試験を受け、見事合格した。その当時、神奈川県消防学校は、自宅に近い山下町にあったので、その訓練風景は日頃から見慣れたものであった。そんなこともあり、迷うことなく川崎市消防局の採用試験を受験したという。警察官志望から急きょ、消防官への道に進路変更したのは「瓢箪《ひょうたん》からコマ」のような流れであった。当時は高度経済成長期の真っただ中で、消防職員が大量に必要だったものの、人材不足の状況も背景にはあったようだ。

川崎市消防局では女性消防官に女性のソフトな持ち味を生かした火災予防や広報業務での活躍を期待しての、女性消防官採用であった。

日本初の女性消防官の消防学校生活

古尾谷さんたち女性消防官第1期生22名（川崎市12名、横浜市10名）が、神奈川県消防学校に入校した当時、消防学校は前述のように山下町にあった。

消防学校への女性消防官の入校は初めてのことであり、消防学校の教官も若い女性たちをどう扱っていいのか分からず困惑していたようである。消防学校の廊下には中央にロープが張られ、女性消防官が学ぶ教室は「男子禁制」であった。また、女性だけでクラス編成が行われ、「男性とはしゃべるな」と指示され、同じ教育空間の中で男性の初任学生からは隔離された状態での学校生活がスタートした。

教育内容についても「女性は座学だけやればいいだろう」というふうで、消防職員の基本である「放水訓練やロープを使用した救助訓練」等は当初のカリキュラムにはなかった。女性消防官から「消防の現場活動を知らなければ説得力のある広報はできない」との意見が出されると、途中から男性同様の実科訓練も実施されるようになった。

また、「消防に初の女性」とのことで、連日のようにマスコミが消防学校に殺到した。消防車の運転をしたこともないのに「運転席に座って下さい」と言われてポーズをとらされることもあった。フジテレビの人気番組だった小川宏ショー「3時のあなた」にも、初めて化粧をして出演したこともあった。

同じ初任科の学生ではあったが、横浜市の女性消防官には校外教室として「華道」のカリキュラムもあった。そんな時には、横浜市の10名が不在となった消防学校に、川崎市の12名が講義を受けるわけでもなく残されることになった。おそらくそんな様子を不憫《ふびん》に思ったのだろうか、教官が川崎市の12名をポンプ自動車に乗せて三浦半島の城ヶ島へ連れて行ってくれたことがあった。ポンプ車に12名全員が乗れるわけもなく、ホースカーを下ろし、そこに敷いたシートの「にわか座席」に腰かけての旅であった。ガタガタ道ではポンポン跳ねるしお尻は痛いし、トンネルに入ると天井から水滴がポタポタと落ちてくるからブルーシートを頭からかぶっての道中だった。今だから話せる内容だが、消防学校も当時は何かとゆるい「古き良き時代」であったのだろう。女性消防官第1期生のなかには、下校時に彼氏がオープンカーで迎えに来るような派手目の同期生もいた。

婦人警察官への転身を考え「退職願い」を提出したら……

当時、川崎市消防局は5消防署体制だったので、古尾谷さんたち12名は消防局と各消防署に2名ずつ配属された。

消防署にはまだ男尊女卑の気風があり、女性は一段低く扱われていると感じた、と古尾谷さんはいう。「なんで女が消防に入って来るんだ」という署員たちの思いが直接伝わってきた。「とにかく初めての女性の消防官で、道筋が見えず何のレールもなかった。だから手探り状態でレールを敷いて道を切り開くしか方法はない」と痛感したという。

その当時の消防のことを思うと、古尾谷さんも多分、暗中模索状態で試行錯誤の連続であったことだろう。消防署で勤務しながらも、「このまま消防の世界にいて良いのだろうか」という想いが日々強くなってきた。そんなこともあり、古尾谷さんは再び婦人警察官になることを考えた。御幸《みゆき》消防署（現在の幸消防署）勤務中に神奈川県警の採用試験を受け、これにも見事に合格した。古尾谷さんは、警察学校への入校通知や制服の採寸検査の期日指定の通知を手に

職員手作りの「火災予防雪だるま」と

すると、消防署長に退職を願い出た。ところが、加藤正巳消防署長に退職の申し出をすると、署長から「いったい何を考えているんだ。せっかく第1期で消防に入ったというのに」、「警察学校への入校は断りなさい」といわれ、退職を強く慰留され婦人警察官への道を断念した。もし、この時に加藤署長（後に川崎市消防局の第7代消防局長に就任）から説得されなければ、川崎市の女性消防官第1期生は、消防学校卒業からわずか数年で全員が退職し、雲散《うんさん》霧《む》消《しょう》していたことだろう。

配属された消防署で

幼稚園児のはしご車見学

職場の内外での出会いと有難いご縁

古尾谷さんは前述のように、卒業配置により川崎消防署の予防係で勤務した。その時の直属上司の予防係長であった浅川捨治さん（故人）は理解のある実に素晴らしい方であった。

浅川係長は古尾谷さんに、「しっかりと自分の意見を述べてやりたいことをやりなさい」「マスコミ対応もどんどんやっていい」と背中を強く押してくれた。浅川係長は、予防の検査業務はもちろんのこと、災害現場にもどんどん出してくれた。同期生に聞いてみると他の消防署では、「女性消防官は現場に行かなくてもいい」というところもあった。

浅川係長との出会いは大きな転機となり、「この職場でがんばろう」という思いも強くなった。街に出てみると、「女性が入って消防も明るくなったね」と好意的な反応が多かったという。消防の職場では男性ばかりの安心感からか、消防署員が上半身裸で作業をしていることもあり、女性の来訪者にとっては抵抗感があったという。女性消防官が消防の世界に入ったことで、地域の方々からも「消防に行きやすくなった」というコメントを聞くようになった。浅川係長は現職中に病気で亡くなられたが、何事もオープンに受け入れてくれる心の広い方であった。そのお陰で、古尾谷さん自身も外郭団体の人たちや、地域の婦人消防隊のメンバーとも仲良くなり、数十年を経た今も変わることなく交流が続いている。

やがて１９９５年（平成７年）には、財団法人日本消防協会に派遣された。同協会では女性消防団課を新設し、同課が中心となって女性消防団員の活性化のための活動が幅広く行われた。東京消防庁から派遣された谷口由美子さんとともに、女性消防団員の募集や、教育訓練、意識高揚のための講演活動（出前講座）などを全国各地で行った。また、古尾

日本消防協会派遣職員辞令交付式

予防係のみなさんと
（後輩の熊谷智子さんと式典前に夏の礼服で）

出初式会場で婦人消防隊のみなさんと
（冬の礼服で）

谷さんが同協会勤務中に川崎市消防局では、女性消防団員の募集がはじまった。古尾谷さんはこの時、初めて採用された川崎市の女性消防団員50人の制服を同協会から調達した。

全国各地には、女性消防団員とは別に婦人消防隊を結成して活動を続けているところもある。そのような組織に対しても積極的に関与し出前講座を開催するなどして交流を続けた。川崎市で婦人消防隊は解散してしまったものの、その当時のメンバーの方々とは今もなお、変わることなく交流を続けている。

1985年の男女機会均等法の制定と女性の職域拡大

古尾谷さんは、幸《さいわい》消防署勤務中に、当時、警防課の交代制勤務であった友一さんと出会い、23歳の時に結婚した。

その当時は、仕事を持っている女性でも結婚や出産、育児を機に退職することが当たり前のように考えられていた。会社勤めの女性が、結婚を契機に仕事を離れることは「寿《ことぶき》退社」と呼ばれていたほどである。古尾谷さんが消防に入ってから7年後には、古尾谷さん以外の11人の同期生は全員が退職し、古尾谷さん1人だけが残された。その時は本当につらく寂しかったという。「自分が辞めたら後につなぐことができない」と思った。

古尾谷さんも退職していった仲間と同様、23歳の時に結婚したが、退職までは考えなかったという。その後、出産して3人の子どもを育てた。「辞めるのはいつでも辞められる」と気持ちを切り替えたら、だいぶ楽になったという。その決断には、夫の友一さんの

当時の新聞記事「子供ができても がんばってます」

気遣いや大きな支えがあったのだろう。１９８５年（昭和60年）には男女雇用機会均等法が制定された。それ以降に、古尾谷さんは人事課勤務となり男女共同参画事業の担当者となった。

　古尾谷さんは、後輩たちには我慢辛抱を強《し》いることのない、その性差に関わらず意欲と能力を発揮できる職場環境と機会を作ること、その実現に向けて努力を重ねてきた。男女雇用機会均等法の施行を契機に、女性の深夜業務も解禁となり、消防の様々な現場で女性消防官が多種多様な活動に従事できるようになった。川崎市消防局では１９９９年（平成11年）に女性救急隊員が初任命され、２００６年には消防隊員、２０１６年には初めて女性の特別救助隊員（後藤彩華さん）が任命された。２０１６年にはまた、熊谷智子さんが川崎市では初めて女性の副署長に就任した。熊谷さんはさらに、２０２１年（令和３年）４月１日からは高津消防署長として勤務している。

女性消防官の交流ネットワーク、ＪＦＦＷの創設と活動

　地方の消防本部に勤務している女性消防官の心の支えになっているのは、ＪＦＦＷの活動ではないだろうか。もちろん、その活動に参加している方々についてのことである。

　ＪＦＦＷの成り立ちと創設メンバーである古尾谷さんとの関わりについても紹介したい。

女性が初めて消防に採用された１９６９年（昭和44年）から、全国消防長会関東支部は「婦人消防吏員研修会」を開催した。その研修会には川崎市の古尾谷さんをはじめ、東京消防庁、横浜市をはじめとする各都市の女性消防官が参加して意見や情報の交換を行い、女性消防官が所属の枠を超えて交流を深める機会となった。

女性消防官だけのこの研修会は１９８８年（昭和63年）に発展的解散となったが、その後、その解散を惜しむ声が高まり、１９９７年（平成９年）２月には、神奈川県内の女性消防官を中心とする37人が参加する懇親会が開催された。

この懇親会がそれ以降、全国規模で参加を希望する女性消防官を募《つの》り、ＪＦＦＷ交流会を開催する発端となった。同年11月には研修会を含めた第２回目の交流会が横浜市内で開催されている。

この交流会開催の流れの最初の小さな芽は、女性消防官共通の悩みや相談ごとができる機会を作ろうと考えたことであった。創設メンバーは古尾谷さんや秦さんたちであり、その活動は神奈川県内に広がった。

その頃、この話を聞きつけた山梨県内の女性消防官が、自分も参加したいと言ってきた。「職場の女性は私１人しかいません。ぜひ参加させてください」ということで、彼女はそれからＦＦＷ（ＪＦＦＷの前身）の活動に参加するようになった。彼女は、「最初は相談相手もいなくて、辞めようと思ったが辞めないで良かった」と感想を述べている。

その後は後輩もできて、現在も元気に勤務を続けているという。

２００１年（平成13年）９月11日、アメリカで同時多発テロ事件が発生し、ニューヨー

川崎市で開催された「第12回婦人消防吏員研修会」の参加者

ＪＦＦＷの懇親会

ニューヨーク消防に代表が赴きＴシャツを贈呈

ク市消防局ではピーター・ガンチ消防局長以下３４３名が殉職した。

ＦＦＷはこの時にオリジナルＴシャツを製作し、全国の消防職団員に購入を呼び掛け、その支援金で同じデザインのＴシャツをニューヨーク消防の仲間に届けた。この時にＦＦＷでは、日本の消防だと認識できないのでＪＦＦＷに名称を変更した。

ＪＦＦＷはあくまでも任意の団体で、女性消防官有志の意見や情報交換の場であり、他の消防本部の女性消防官との交流の機会が少ないことから設けられたものであった。規模の小さい消防本部では女性消防官は１人か２人という場合もあり、悩みごとがあっても同じ職場には相談できる仲間もいなかった。そのような女性たちが交流会に参加すると見違えるように元気になった。遠方から駆け付けた参加者の中には、交流会が終わるとにこやかな笑顔で帰る人が多くなった。

２０２１年（令和３年）11月には初めて青森県内でＪＦＦＷの交流会が開催され、日本全国から約１５０名がこの交流会に参加した。

青森県知事や地元の消防長等も来賓として参加し盛会であった。各地から駆け付けた女性消防官同士が目を輝かせて話し合い、意見交換を楽しみ、懇親の場を満喫し、友情の輪を広げている姿は実にほほえましいものである。

本年も10月22日に川崎市内でＪＦＦＷ交流会の開催へ

現在のＪＦＦＷでは、市川市消防局ＯＧの石原房江さんが代表を務めている。２０２２年（令和４年）も26回目の交流会が、10月22日㈯午前９時30分から川崎市内の川崎市国際交流センターでの開催が予定されている。ＪＦＦＷの前代表であった古尾谷さんも幹事のひとりとして開催準備の一翼を担っている。古尾谷さんは、久しぶりに全国の消防仲間に会えるのが実に楽しみだという。

今回の交流会でもまた、元女性消防官も現役女性消防官も一緒になって、目を輝かせて語り合い、消防官同士の輪を広げることが期待される。消防官はたとえ勤務地や年齢等が違っても、同じ消防人としての共通体験から話を弾《はず》ませることができる。女性消防官はそのようにして確実に「きずな」を深め、明日への大きな活力を得ているようだ。

創設メンバーの1人である古尾谷さんの場合、古尾谷さん無しには作り出せない穏やかな人間関係があった。古尾谷さんはまわりの人々を明るく温かく包みこむ人である。

だからこそ、ＪＦＦＷの最初の芽が川崎市で生まれたのだろう。今回は、川崎での初開催ということもあり、川崎市消防局の多くのメンバーがその活動の下支えをしている。

川崎地区婦人消防隊（さくら会）のみなさんと

川崎消防イメージキャラクター・太助と（退職後初めての出初式で）

女性消防団国際会議（日本消防協会主催）の会場で参加者と

横須賀米軍基地のキャプテンを囲んで

古尾谷さんのバトンは確実に引き継がれた

前述の熊谷智子さんは川崎市消防局で初の女性消防署長である。熊谷さんも古尾谷さんとともに、ＪＦＦＷの活動を支えるコアメンバーであり、川崎市消防局で古尾谷さんからバトンを手渡された1人なのだ。

熊谷さんは、川崎市消防局入局3年目に、初めて古尾谷さんと一緒の職場になった。当時、職場の人間関係や仕事にも希望が持てないつらい時期であったという。そんな熊谷さんに古尾谷さんはいつも「大丈夫！」「気にしない」「無理しない」と心が軽くなるような言葉を掛けてくれた。熊谷さんは「自然体でいることが仕事を長く続けていくコツなのかもしれない」と思うようになった。熊谷さんは、「古尾谷さんが仕事と子育てを両立している姿がとても楽しそうで、その様子を近くて見ていて、子育てをしながら仕事をしていくって素敵だな」とさえ思ったという。２００1年（平成13年）当時、古尾谷さんは唯一の女性の係長であり、主任だった熊谷さんは同じ川崎消防署で古尾谷係長のリーダーシップ像をまじかに見ることができたという。

職員一人ひとりに気を配り、温かく助言しその成長を見守る古尾谷さんは、熊谷さんにとっては素晴らしいロールモデルそのものであった。しかも消防職員だけではなく、地域の人々や他本部の消防職員、消防団員など多くの人々が古尾谷さんを頼りにして慕っていた。今なお各方面から「古尾谷さんはお元気ですか」と尋ねられることも珍しくないという。

古尾谷さんの薫陶を受けた熊谷さんは２０２１年（令和３年）４月１日に高津消防署長に就任し、２０２３年（令和５年）４月からは中原消防署長として、職場や家庭、地域の方々や消防職団員、そして自分自身も大切にしながら日々を過ごしている。

熊谷さんは、古尾谷さんに30年以上も前から変わることなく見守ってもらっていることについて惜しみない感謝の思いを述べる、古尾谷さんたちの築きあげた歴史を未来にしっかりと継承して行くことこそが自分たちの大切な役目だと感じているという。古尾谷さんが「肝っ玉母さん」的存在なら、熊谷さんは川崎市消防局とＪＦＦＷの「お姉さん」的な存在なのであろう。

東日本大震災の年に川崎市消防局を定年退職

２０１１年（平成23年）３月11日、未曽有の東日本大震災が発生した。その３・11のときに古尾谷さんは42年間の消防人生で初めて当直勤務に就いた。古尾谷さんにとって当直勤務はもっと前からやりたかったことであり、そのことが唯一の心残りであった。

その大震災の発生した３月末に古尾谷さんは、定年退職となった。東日本大震災直後の落ち着かない時期が続き、定年退職に伴う一切の予定がキャンセルとなった。恒例の退職辞令交付式も送別会もなかった。唯一、川崎市の女性有志を中心に開いてもらった「古尾谷さんの定年退職を祝う会」の席上で贈られた消防ホースで作ったショルダーバッグが一生の宝物だという。

　古尾谷さんは長年勤めあげた川崎市消防局を離れた。退職後の4月2日からは、被災地の方々の復旧支援を行うボランティアの1人として、多くの仲間たちと宮城県気仙沼市に向かった。被災地の消防職団員たちは、津波被害のために活動服さえも満足に持ってはいないことを知り、古尾谷さんは川崎市消防局で保管していた被服等の必要なものを気仙沼市内の消防署や消防団に届けたという。彼女が再就職したのはそれ以降のことであった。

川崎市消防局女性消防吏員誕生50周年
記念式典・記念講演会

卒業祝いの女子会

消防ホースで作ったショルダーバッグ

川崎駅前には「アゼリア」という店舗数１５０を数える巨大な地下街があり、古尾谷さんは川崎市消防局を定年退職してから1か月後の5月から、その川崎アゼリア株式会社の渉外担当課長として再就職した。それにはちょっとした経緯があった。古尾谷さんが、消防署で勤務していた当時、川崎アゼリア株式会社の総務部長（元川崎市危機管理室の室長）が立ち寄った。彼は何気なく「古尾谷さん、いつ卒業するの」と聞いてきた。彼女は、「来年で定年退職ですよ」と答えたところ、「そうですか。それならぜひアゼリアに来てくださいよ」とその場で総務部長にスカウトされ、あわてて人事課にその旨を報告したという。そのアゼリアで古尾谷さんは渉外担当課長として、「帰宅困難者対策協議会」の活動を通じて警察・消防・市役所の対応や消防訓練の企画調整などを担当し、防火防災管理体制の充実強化などに努めた。

アゼリアを離れた今でも、古尾谷さんと当時の人々との交流は現在進行形であり、たぶん、これからも末永く続くことだろう。みんな、古尾谷さんが好きなのだ。

消防の後輩たちに伝えたいメッセージ

古尾谷さんが入局した当時、川崎市消防局は８９７名の組織であったが、現在では約１、４００名の大組織となり、女性消防官も77名（初任7名を含む）が勤務している。

古尾谷さんは、後輩たちには「チャレンジすることを忘れないようにしてほしい」と述べる。それは消防の現役の消防官だけではなく、自分自身にも機会ある毎に心の中で唱えてきた言葉なのだろう。「指導者になるためには、個性の見極めと同時に個性とやる気をみて育てることが大切だと感じている」ともいう。後輩の女性消防官には「権利だけを主張するのではなく、権利には義務が伴うことを念頭において、権利と義務のバランスを保ってほしい」という。権利の主張には、それに見合った義務のバランスがあるはずであり、「やじろべい」のようにバランスを取ってほしいと望んでいる。あまり権利の主張ばかり

東日本大震災被災地・気仙沼市で
ボランティア活動

定年退職後に勤めた川崎アゼリアの防災訓練

熊本地震被災地・益城町でボランティア活動

をすると、周囲が引いてしまうこともある。「3歩進んで2歩下がるという言葉もあるが、それでも確実に1歩は前に進める」。その1歩1歩が10歩になり20歩にもなる。「時間は確かに掛かるだろうが、性急にことを運ぶのではなく周囲の働きや支えに感謝しつつバランスよく仕事をすることで道は開ける」……。それは古尾谷さんの生き方そのものであり、消防生活で培った信条でもあった。水前寺清子さんのヒット曲「365歩のマーチ」の歌詞に込められた想いは、消防の職場にも子育てにも通じる人生の奥義かもしれない。

　古尾谷さんは、中学校時代の国語教師の言葉が今でも鮮明に心に残っているという。「人生の最も嫌な最も苦しいことにも微笑みを持って担当しなさい。あとは自然体で肩肘《かたひじ》張らずに」……。その恩師のことばを実践してきた古尾谷さん。どうやら、「良い人のまわりには良い人が集まる」ものらしい。婦人警察官にはならなかったが女性消防官として多くの後輩を育て上げ、街の方々との交流を深め地域の人々の生命と財産を守るために活動を続けてきた古尾谷さんである。消防官として、そして様々な被災地支援のボランティア活動の旗振り役として。そしてＪＦＦＷの仲間や、全国の女性消防官たちの「肝っ玉母さん」として。

おわりに

　横浜の中心部に生まれ育ち、横浜ならではの異国情緒や国際色豊かな地域や人々との交わり……。これらの思い出は古尾谷さんにとっては掛け替えのない財産であろう。運動も勉強も好き、学校も人との付き合いも好きな少女は、運命のいたずらで警察官から消防官志望へと進路を変更した。それでもあきらめきれず、警察官採用試験を受けて合格。

だが消防署長は退職願を受け取らなかった。それから42年間、消防一筋に歩み続けた古尾谷さん。

公私にわたる幅広いその活動は、もしかしたら川崎市消防局だからできたのかもしれない。

彼女の子息、昌平さんは、ご両親と同様に消防の道に進んだ。今現在は、横浜市消防局鶴見消防署に勤務しているというから、まさに「消防一家」である。古尾谷さんの朗らかで満ち足りた表情には、「消防官で良かった。川崎消防の一員で良かった」という思いが浮かんでいるようだ。素晴らしきかな消防人生！

第七話

作詞家となった消防官──万《ま》城《き》たかしさん。

作詞家
万城たかしさん

ヒット曲「天竜流し」を作詞した元消防官

消防を定年後に、クリエイティブな世界で活躍する消防人もいる。2018年（平成30年）に「日本作詩大賞」を受賞した作詞家の万城たかし（本名：菅原隆行）さんがその代表格だろう。

あなたは「天竜流し」という演歌を知っているだろうか。キングレコードの歌手、福田こうへいが歌ったヒット曲だ。天竜川は、長野県に源《みなもと》があり「暴れ天竜」と呼ばれる急流で、その天竜川で命をかけて筏《いかだ》乗りをする男の心意気を力強く表現した曲である。

皆さんの中には、「天竜流し」の歌を自らカラオケで歌っている人もいることだろう。ところで、この作詞を担当した万城たかしさんが元消防官だったことを知っていただろうか。また、この「天竜流し」の作詞家、万城さんが第51回日本作詩大賞を受賞したことはどうだろうか。

　実は万城さんは、埼玉県の川口市消防局に42年間勤務したベテラン消防官でもあった。なお、万城さんが入ったころは川口市消防本部であり、万城さんが定年退職後に鳩ケ谷市と合併、そのときに川口市消防局となった。

　今回、紹介するのは、消防官として高校卒業後から定年までの42年間を勤めあげ、同時に音楽の道でも努力精進を重ね、歌謡界で作詞家として活躍中の万城たかしさんの半生記である。

　本稿では、本名の菅原隆行さんではなく、筆名の「万城たかし」さんとしてお伝えしたい。なお、万城さんの作詞家としての呼び名は「まんじょう」ではなく「まき」さんである。その点については後述したい。

3度も死に損ない両親に助けられたいのち

　万城さんは、１９５１年（昭和26年）、岩手県の一関市で農家の次男坊として誕生した。３人兄弟で兄と妹がおり、家庭環境的には音楽と無縁だった。

　万城さんには、これまで3回も死に損なった経験がある。

　１回目は４、５歳の頃。家の前にあった池に落ちて、「ポッチャン」という音を聞いた父親が異変に気付いて、池に浮いていたたかしさんを発見して引っ張りあげた。

冬場で、綿入れのチャンチャンコを着こんでいたために、沈む一歩手前で救出された。このときは、家にオモチャの釣り道具があり、まだ幼いたかしさんは、それで池の魚を釣ろうとして溺《おぼ》れてしまった。

２回目は大やけどによるものであった。田舎の家は板の間をろうそくできれいに磨き上げており、子どもたちはその板の間で滑りを楽しんでいた。隣の家の板の間で同じように滑っていたら、その勢いのまま囲炉裏《いろり》にかけてあった大きな鍋に頭から突っ込んで大やけどを負った。６、７歳の時である。近くに病院はなかった。二十数キロ離れた隣の宮城県にやけど専門の病院があり、お袋さんが、毎日、たかしさんを背負って往復四十数キロの道のりを歩いてそこへ連れて行ってくれた。そのときは目と鼻と口以外は包帯でぐるぐる巻きの状態であった。

３回目は交通事故であった。小学校３年生のときにはトラックに轢《ひ》かれ、トラックの下敷きになり乗っていた子供用自転車のハンドルとブレーキが、腹に刺さっていた。「今日一晩がヤマです」と手術を担当した医師が両親に告げた。ところが、開腹したら幸いにも臓器への影響はなかった。医師は「よかった。ついでだから盲腸をとりましょう」といったという。

歌手を夢見た少年の心に刺さった笑い声

万城さんは、歌が上手で小学校5年くらいから歌手になりたいと思っていた。

あるとき、小学校の担任の先生が「将来、何になりたいか」というアンケートをとったことがあった。万城さんは何気なく「歌手」と書いた。そうしたところ、その先生が一人ひとりのなりたいものを発表しはじめた。万城さんの順番が来て「歌手になりたい」と発表されたとたん、クラス中がドッと大笑いした。

当時は、田舎で歌手を希望する人はほとんどいなかったから、同級生が笑うのも無理はなかった。みんなには、突拍子もない実現不可能なことに聞こえたのだろう。クラス中の笑い声が耳に残り、心に突き刺さった。万城さんはそれ以来、人前では「歌手になりたい」とは絶対言わないことにした。

誰に教えられたわけでもないが、万城さんは歌がもともと上手《うま》かった。ラジオで流れる三橋美智也の歌にほれ込み、田んぼなどで一人で歌っていた。万城さんは、好きな歌を歌うことはやめなかった。

妹と二人でアルバイトをして両親にプレゼントも

万城さんの実家は山々に囲まれていた。送電線の鉄塔を設置する場合には、周辺の木々を伐採して空地を作る必要があった。その伐採された木々や枝などを道路まで運ぶアルバイトは子どもでもできたので、万城さんは3歳離れた妹さんと2人で木の枝などを束ねて運んだ。当時は一束5円くらいの手間賃であった。それを何百回も運んだ。

万城さんは妹さんと2人でお金を貯めたが、その全てを自分達のためには使うことはしなかった。お袋さんにはエプロンを買い、オヤジさんには「わかば」というタバコをワンカートン買ってプレゼントにした。残った金で小さなカメラを買った。当時は５００円でそのカメラが買えた。

万城さんは、小学生のときから自分で小遣いを稼ぐことに知恵を絞った。妹と「とうげん（人工甘味料のサッカリン）」をかついで、村落の家々をまわって売りに歩いた。当時は、米一升を持っていけば買物もできた。

村落では中田さんというおばさんが駄菓子屋をやっていて、万城さんはよくその店に出入りした。駄菓子屋のおばさんの息子は実は、当時、川口市消防本部の消防職員であった。そのおばさんとのご縁が万城さんの進路を決めることになった。

中学生で西郷輝彦の熱烈なファンに

万城さんは中学生になった１９６４年（昭和39年）2月、歌手デビューしたばかりの西郷輝彦の大ファンとなった。

当時、橋幸夫、舟木一夫、西郷輝彦の順に10代の人気歌手3人がデビューした。西郷輝彦がデビューしてから、雑誌「平凡」は3人の対談を企画し、そのタイトルに「御三家」

という言葉が使われていたことから、それ以後３人は「御三家」と呼ばれるようになった。３人はそれぞれのレコード会社の看板歌手として人気を競いあっていた。

万城さんは、西郷輝彦にあこがれ熱烈なファンとなった。西郷輝彦の写真やテレビ番組を観ては、「こんなかっこういい男がいるんだ」とすっかり惚《ほ》れ込んでしまった。

４畳半の自分の部屋は、天井や壁は西郷輝彦のポスターや写真で埋め尽くされていた。貼っていないのは床だけであった。西郷輝彦の映画が来れば必ず観に行き、映画の上映が終わればポスターをもらってきた。中学校までは歩いて1時間の距離で、西郷輝彦や橋幸夫の歌をずっと歌いながら通った。高校進学後も西郷輝彦の熱烈なファンであることに変わりなく、授業中には得意の似顔絵を描いていることが多かった（万城さんは絵の才能にも恵まれていた）。

県立高校の農業科に進学したが……

万城さんは、岩手県立一関《いちのせき》第二高等学校の農業科に入学した。農業科の生徒は、入学式の日には「鍬《くわ》」を持って登校することになっていた。多感で自意識過剰な年ごろの万城さんは、自転車の荷台に鍬を結《ゆ》わえて高校に向かうのがとにかく恥ずかしくて恥ずかしくてしょうがなかった。

万城さんは、小さい時から田植えや稲刈りなどを手伝い両親を助けてきた。それでも農業はイヤだった。両親が朝早くから夜遅くまで働き詰めの姿をずっと見てきたことから、農業労働の過酷さが心に沁《し》みついた。しかも重労働で休みなく働く割にはカネにもならない現実が見えた。

万城さんは、入学時と卒業時の学校名が違うという経験をした。入学時は一関第二高校農業科で卒業時には「一関農業高等学校」となった。高校3年生のときに、農業科が分かれて農業高校として独立したためであった。

同郷の先輩が勤務していた川口消防を受験

万城さんは、高校3年生の3学期になってもまだ就職先が決まっていなかった。

その頃、川口市消防本部には同郷の中田正夫さんという方が勤務していた。その中田さんの実家は前述した近所の駄菓子屋さんであった。その中田さんと万城さんのお母さん同士は仲がよかった。

中田さんのお母さんは1月に帰郷した息子から、「川口消防の採用試験は終わったが、再募集がある」という話を聞いた。中田のおばさんは、万城さんに「川口の消防は人手が足りなくて追加で採用試験を行うようだから受けてみたらどう？」と川口消防の受験を勧めた。しかも聞いてみれば、消防署では1日置きに休みがある。万城さんはいい話だと思った。川口は東京にも近いし、まして1日置きの勤務なら歌手になりやすい、こんなうまい話はないと思った。当時は景気がよく、川口市では消防体制の充実強化を図っていた。万城さんは希望どおり採用試験に合格した。

心密かに「歌手になる夢に一歩近づいたと感じた」万城さんであった。

消防生活とともに常に歌があった

１９６９年（昭和44年）、万城さんは高校を卒業後、埼玉県の川口市消防本部に採用され埼玉県消防学校の第４期生となった。川口市は埼玉県の南端に位置し、荒川を隔てて東京に接している。江戸時代から鋳物《いもの》や植木などの産業が盛んで、〝ものづくりのまち〟として発展してきた。川口市は鋳物工場を多く持ち、日活映画「キューポラのある街（１９６２年制作）」の舞台としても有名であった。

万城さんは、救急隊員として勤務していた22歳のときに、博子さんと結婚した。博子さんは、芸能界には興味がなかったが、万城さんが歌手になりたいということを知っていたので、いつも理解し快《こころよ》く協力してくれた。

1969年（昭和44年）の万城さん
（川口市消防本部採用時）

万城さんは1日置きの休みを、好きな歌のために使った。西川口にカラオケ好きな仲間が集まり、金を出し合って部屋を借り、そこでみんなで一緒にカラオケを楽しんでいた。それが上司にばれてしまった。何か秘密めいた活動だと思われたのだろうか。もちろん完全な誤解ではあった。

川口消防の仲間と

ポンプ操法大会優勝

消防長の逆鱗にふれ救急隊から本部予防課へ異動

「カラオケ好きなみんなが、サークルとして楽しんでいるだけですよ」と説明したが、上司には信用されず逆にひどく怒られた。

その頃、消防の仲間の中には、有名な民謡歌手、原田直之の門下生となって民謡を歌う人もいた。万城さんは、「民謡だったらいいんですか」と口答えしたところ、消防長から、「何いってんだ、お前は！　それとこれとは違うんだよ！」と怒鳴り飛ばされた。

万城さんはその後、救急隊から全く勝手の分からない本部の予防課に異動となった。

その当時の万城さんの感覚では「左遷された」という気持ちであった。消防長からは、「彼は1日置きの仕事だからいけない。これからは日勤にさせろ」といわれ、本部の予防課員ということになった。

ところが、万城さんにいわせると、後々になってから「これがすごい勉強になった」と思えるようになった。

子供用消防車を作成

埼玉の鳥・シラコバトのイラストを作成
（左が万城さん）

　だが、現実はそう甘いものではなかった。予防のことはほぼ何も分からない状態で配属されたから、最初は、予防課にかかってきた電話を取るのも怖かった。予防課内に一人で残されて留守番役をやることが一番怖かった。電話が鳴れば取らないわけにはいかない。しかし受話器を耳に当てたところで相手の質問の意味も分からないのだから、恐怖そのものであった。

　しかし、万城さんが幸運だったのは、そのときの上司の予防係長が、埼玉県消防の生き字引といわれる柳原洋二さんだったことだ。万城さんは「川口消防で一番印象に残っているのが柳原さんだった。本部の予防課の上司として、とにかく一番世話になった」という。万城さんは、柳原さんの薫陶を受けたことで一丁前の予防課員に成長した。

川口消防の恩人・柳原洋二さん（右）と

予防課時代のカラオケ入賞と「特例」についての苦情

　万城さんは、昼休みの時間帯に職場を抜け出して市職員カラオケ大会に出場した。その大会で入賞し当時はまだ商品としても珍しかったCDラジカセを賞品として持ち帰った。

上司の柳原予防係長が、昼休みに職場を一時的に抜け出すことを了解してくれた。万城さんの歌の才能を見抜いていた柳原さんが直属上司だったからできたことだろう。「特例的」に職場を抜け出してのカラオケ大会参加、入賞、賞品の獲得であった。

その万城さんには、予防業務における「特例」についての苦い思い出があった。共同住宅特例等は、国の方針で変更になることがある。そのことを業者に説明すると「今までは良かったじゃないか」と激怒する人もいた。そのような経験からも、徐々に自学自習に努め予防課員らしくはなった。その後、交替制の消防隊となり、2年連続でポンプ操法大会で優勝するなど、消防生活は軌道に乗った。

しかし、目指すべきプロ歌手への道は、自分の思いとは別に遠のくばかりであった。

歌手になる夢を断念した頃とプライベート・レコード制作

歌手志望の夢を持ち続けていた万城さんだったが、消防生活にも慣れてきた22、23歳頃から「もう歌手は無理だ」という気持ちが次第に強くなった。当時は、10代で人気歌手になることが当たり前で、もはや20代前半でもプロ歌手の道は叶わぬ目標という印象があった。万城さんは、歌手の夢を諦めた27歳のときが一番つらかったという。

万城さんはその頃、一関に帰郷するときに夜行列車を利用することが多かったが、郷里に帰る寝台特急の中でひらめいた。「そうだ、歌手にはなれなくても作詞家ならできるんじゃないか」

楽器は弾けないし譜面も読めない、作曲もできない万城さんだったが、日本人だから日本語は知っている。歌手になるのは断念したが、歌に関わる世界に何らかの形で残っていたかった。

作詞家への道ももちろん容易ではなかった。最初は、すでにある曲の1、2、3番の歌詞に続けて自作の4、5、6番を作ってみた。作詞の勉強はまったくの独学であった。

歌手の夢を断念しても、歌手のオーディションを受け続けてはいた。オーディションを受けに行くと、歌謡曲志望者ばかりで演歌の人はほとんどいなかった。ところがある会場では、万城さんを含む男性3人が演歌で出場し、そしてうまい具合にその3人がそろって合格するということになった。

万城さんら演歌で合格した3人はその後も集まり、「何かやろうよ」という話になった。万城さんの提案で、「俺が作詞するから、お前が作曲、お前が歌ってくれ」と役割分担し曲を作ることになった。そうして作ったその歌を収録したプライベート版レコードを数枚作った。

春日八郎が歌った「ふるさと便り」がデビュー曲だった

たまたま川口市内に春日八郎の弟子の作曲家がいて、万城さんはその人から、「今日、春日八郎の事務所に行くんだが、一緒に行くかい」と声をかけられた。万城さんは、春日八郎に聞いてもらおうと、自分達３人で作ったプライベート版レコードをダメ元で持っていった。

万城さんは初めて大歌手、春日八郎に対面し、大いに感激し緊張もした。帰り際にマネージャーに「ぜひ聞いて下さい」と頼み込んで自主制作盤のレコードを置いてきた。

それから一か月後、そのマネージャーから電話がかかってきた。「この前のレコードの歌を、春日八郎が歌いたいと言っている」という嬉しい話だった。それからは、４番まであった歌を３番までに手直しした。

万城さんが作詞した演歌「ふるさと便り」が、春日八郎によって歌われることになった。１９８１年（昭和56年）、万城さんが30歳のときであった。田舎のオヤジやお袋をイメージしながら作詞した曲が、春日八郎に気に入られたのだ。

万城さんの最初のデビュー曲「ふるさと便り」は春日八郎の歌手生活30周年記念アルバムに収録されている。

万城さんは自分の名前（芸名）が印刷されて世に出た時の感激は、その人にしか分からない喜びだという。何回レコード盤のジャケットを見ても、飽きることがなかった。じ～っと作詞家の名前を見ては自分一人で感激にひたっていた。芸名であったために、それが消防官、菅原隆行さんの作詞であることを知っている人はいなかった。

もちろん、そのレコード盤は故郷の両親にも贈った。これも万城さんなりの親孝行だったのだろう。

「万城たかし」のペンネームについて

ある新興のレコード会社が誕生し、その会社から歌手デビューができるかもしれない、といわれたことがあった。

その会社の社長からは、「歌手としてやりたいなら、とにかく後援会を作れ、まず人を集めてくれ。応援してくれる人を募《つの》れ」という助言があった。そこでいろんな人に依頼しては会員を拡げていった。

万城たかしというペンネームには経緯《いきさつ》があった。有名な作曲家に万城目《まんじょうめ》正《ただし》がおり、大ヒット曲「旅の夜風」など数多くの歌謡曲を作った人気作曲家であった。たまたま仙台の後援会員の中に万城目さんという方がいた。「いやァ、かっこうのいい名前だな」と思った。この名前はいいな、と思いつつもすでに万城目正という著名な作曲家がいることから、本名の隆行から最初の一文字をとり「たかし」としてみた。万城目たかし、ではあまりにもそっくりすぎる。だが、「万城（まんじょう）たかし」では流れが悪いし、できれば5音節に抑えたいと思った。そこで万城を「まき」と読ませることにした。ところが、万城目の「目」をとったら、売れないこと売れないこと……。「目」を取ったことが災いしたようであった。

姓名判断や占いでもよい結果は出なかった。占い師から「あまり完璧な名前は冒険しにくいし、仮に悪い名前であってもそれ以上悪くなることはない。むしろこれからはますますよくなる」と言われ、それ以後は「万城（まき）たかし」を大事に守ってきた。

音楽隊の創設メンバーで才能豊かな消防人

川口市消防局には音楽隊がある。その音楽隊は１９８１年（昭和56年）に創設された。このとき音楽隊を創ろうと動いた創設メンバーの一人が万城さんであった。

その頃、万城さんはプライベートで４人組のコーラスバンドを作っていた。隣接する戸田市には武田薬品のメンバーらによるハワイアンバンドがあり、万城さんはボーカルで参加していた。そのバンドで戸田市の消防職員がドラムを叩いていた。その彼は消防学校で何か月も共に救急研修を受けた仲間であった。その彼から、「浦和でバンドをやっているから、お前も来ないか」と誘われた。そのバンドにボーカルで入って数か月後に、ベース担当のおじさんから「今どきバンドに、ボーカルで入って来るなんて生意気だ」「お前、明日からギターを持て」と言われた。そうは言われたものの、当時は全く何もできなかった。

ところが、たまにギター担当が仕事で休むと「お前、音を出せ」といわれる。そのうち何とかギターが弾けるようになった。ベースのおじさんに言われなければ、いまだに楽器はできなかったと思う。ある意味で本当の恩人だった。

川口市消防本部に音楽隊を設立後、万城さんはアルトサックスを担当し、それを退職するまで続けた。まさに「好きこそものの上手なれ」を実践したようなものであった。

楽器をやるようになって譜面が読めるようになり、楽器がなくても楽譜をみれば初見《しょけん》で歌うことができるようになった。譜面が読めるのは、作詞家仲間では珍しいという。

在職当時から、消防業務と音楽活動の二足のわらじを履いていた万城さんだが、現職中は意識的に消防の仕事に軸足を置くようにしていた。作詞の創作にも熱心に打ち込んだが、退職するまでは趣味の範囲におさめてきた。二足のわらじは実は、消防の業務にも生かされていた。

川口市消防音楽隊

音楽隊演奏（前列右から３人目が万城さん）

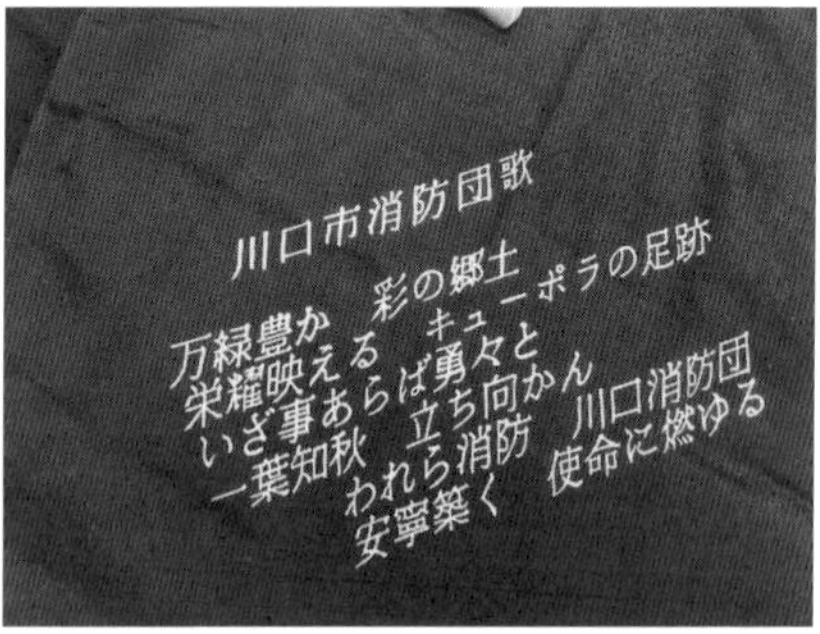

川口市消防団歌の歌詞の入ったタオル

万城さんは、その芸名で「川口消防歌」を作詞した。また消防団の歌も作っている。昭和50年代に、オリジナルのレコードを作っていたことから、消防仲間の中でも「まきたかし」という芸名が少しは認識されたようであったが、誰もが「あれは遊びだろう」、「趣味の範囲のこと」と受け止めていたようだ。

ふるさとに寄せる想いと子を思う母の愛

「御三家」の一人である橋幸夫の甥っ子さんが、鳥羽一郎の付き人をしていたことがある。

万城さんは、鳥羽一郎さんからの依頼で、その人のデビュー曲を書いた。「望郷かぐや姫」というタイトルであった。ところが、その人は東京の人で、歌うときにイメージできるような田舎を持っていなかった。そのため望郷のイメージが湧かない、どんな気持ちで歌ったらいいものやら、という具合であった。そのうち仕事で九州や北海道、その他の各地を回るうち、自分にとっては東京が故郷なのだと思えるようになり、やっとその望郷の想いが分かってきたということだった。

万城さんは次に、歌手、福田こうへいの「かんべんナ」という曲の作詞をした。その歌詞はオヤジさんを思って書いた。３番ではお袋さんのことを書いた。万城さんは、５人家族の中ではじめて家を離れて一人暮らしをした。家族の中で離れて一人で暮らす人ができたことで、お袋さんが「3日間、万城さんの学生服を抱いて寝ていたこと」を知ったと言う。曲の制作依頼があったとき、そのことを思い出して、「かんべんナ」の歌詞を作った。万城さんはしみじみと語る。

「田舎から出てきた時にはお袋さんの気持ちは分からなかった。今、この歳になって初めて分かるんですよ。その親の気持ちが……」「最近、資料を整理していたらお袋からの手紙が出てきて、50年前、初めてお袋からもらった手紙でしたね。」「自分が家族の中で初めて外に出たから、もらった手紙であった。そうしたら、その中に書いてあるんですよ。とにかく会いたいから、夜中でもなんでも羽があったら飛んで行きたいと、手紙に書いてある。」「それを読んだだけでも泣いてしまってね。涙をボロボロ流しましたよね。若い時には感じなかったことが今わかります。」

ご両親の深い愛情に包まれて育った万城さん。その愛情深いご両親はすでに鬼籍に入ったが、彼の作った歌詞を通して歌となり、人々の心に響いている。

オープンなディレクターに背中を押されて

万城さんが本格的に作詞家の道を邁進したのは2011年（平成23年）春の定年退職後のことであった。作詞家として忙しくなってきたのは歌手の永井裕子さんの歌「雪国ひとり（平成27年発売）」の頃からであった。

万城さんには、兄貴のように慕っているディレクターがいた。その人がキングレコードのディレクターとなり、よく万城さんにも声をかけてくれたものだった。「がんばってるね。今どんなの書いてるの、ドンドン持ってきなよ」と励まして発表の場を与えてくれた。その方は自分のやろうとすることを一切隠さずオープンに語る人であった。

そのキングレコードのディレクターは歌手の福田こうへいも担当していた。

万城さんはそのディレクターから、同じ「岩手県出身の作詞家」として、福田こうへいさんに紹介された。

福田こうへいの歌う「天竜流し」を作詞

カラオケの審査会にそのディレクターとともに出向いたある日、万城さんはディレクターから「今度、福田こうへいの歌を書いてくれよ」と頼まれた。「ただね、北の歌は書かないでくれ」という。福田こうへいを北のイメージだけの歌手にはしたくないので、関東以北の歌にはしないでくれということであった。福田こうへいは日本全国どこの歌も歌って活躍できる人だから、固定したイメージを避けたいという話であった。

そこで万城さんが「どこら辺あたりまでだったらいいですか」と聞くと、ディレクターからは「静岡県あたり」と返ってきた。万城さんは「天竜あたりはどうですか」と提案する。ディレクターは「いいねェ」という。「天竜流しはどうですか」「それじゃ、書いて見なよ」ということになり、万城さんは早速、作詞をはじめた。そのようにして、歌「天竜流し」が発売されることになった。

現在、演歌歌手でコンサート会場を満杯にできる人は福田こうへいさんだけだ。岩手県でのコンサートではチケットが3日で完売するほどである。福田さんは岩手県雫石《しずくいし》の出身である。デビュー曲は「南部蝉しぐれ」。民謡歌手であった福田さんの父親がこの歌を歌うはずだったが急逝したために、こうへいさんが引き継いで歌ったのだという。

「天竜流し」は実は、岩手県出身者だけで作ったものだった。歌手の福田こうへいさんが雫石町、作詞の万城たかしさんが一関市、作曲の四方《よも》章人《あきと》さんが奥州市というように、オール岩手県出身者であった。

第51回日本作詩大賞を受賞した万城さん

万城たかしさんが作詞し、福田こうへいさんが歌う「天竜流し」は2018年（平成30年）12月、第51回日本作詩大賞を受賞した。その受賞を祝う記事が日刊スポーツ新聞（2018年12月26日付）に大きく掲載されている。その中には、万城さんが消防官との二足のわらじを履いてきたことや、コツコツと努力を積み重ねてきたこと、初ノミネートで作詞の世界の頂点に立ったことも含まれている。作詞家生活37年目にしての快挙であった。

同賞の審査委員長、酒井正利氏は「言葉に強さがあった。その言葉の強さが福田こうへいさんの見事な歌唱力によって立体化された。初ノミネートでの大賞は素晴らしい」と賞賛している。

　万城さんは「暴れ川の筏乗りのその姿を通じて、男の心意気を表現したかった。歌はただスラスラとした作文的なものではなくて、舞台設定や表現を工夫することで広がりが生まれ、聴く人に考えさせる力がある。それが演歌ではないでしょうか」とコメントしている。

日本作詩大賞受賞記念写真

「天竜流し」を歌う福田こうへい

日本作詩大賞の盾

普段の暮らしの中から生み出される作品がある

人生百年時代である。万城さんは作詞家となりそれも日本作詩大賞という頂点を極めた。ところが、万城さんは初めてあった方に「作詞家の万城たかしです」とはいわない。「作詞をやっている万城たかしです」とはいうものの「作詞家」とは名乗らない。万城さんは誰もが知っている歌、口ずさみ歌うような歌を作ってから「作詞家」と名乗りたいという。その次元の違うスケールの大きな夢は、人生百年時代の生き方に相応しいことだろう。

万城さんは、調子のいい時には最短30分で一曲の作詞を完成したものだという。今は調子がいいとだいたい2時間ぐらいでできあがる。できない時には3日掛かってもできないこともある。「たった五文字が出てこないんですよ」ともいう。作詞家としての産みの苦しみとはそういうものなのだろう。たった五文字が出てこないばかりに一週間考え、そこで自分なりに妥協して「こんなもんでいいか」と持っていく。そうすると自分が迷ったり、妥協して作った言葉は必ず指摘されるという。

定年までの42年間、消防人生を全うした万城さん。「歌手への挑戦や初期の作詞活動は内緒でした。消防長にきちんと届出をして在職中は消防の仕事に軸足を置いてきました」という。

万城さんは、作詞家として目指すのは「ふだんの生活の中での感動できる作品作り」だという。普段の何気ない生活の中から、歌を紡《つむ》ぎ出すことを目指しつつ、その一方では新人歌手の育成にも力を入れている。歌作りは「歌手」という人づくりにも通じる。

　万城さんの歌はどこまでも力強く、それでいて包み込むような優しさにあふれている。それこそが、ご両親に愛され、42年間の消防人生を全うした万城さんの持ち味なのだろう。万城さんの歌には、その人生が凝縮されている。

万城たかし氏の連絡先は次のとおりです。

筆名：万城（まき）たかし（作詞）／菅原右京（作曲）
本名：菅原隆行
〒332－0034　埼玉県川口市並木3－13－3
有限会社ウイング105
TEL048－258－6333
FAX048－258－6355

仕事場での万城たかしさん

第八話

横浜消防の最高幹部で洋画家――岸《きし》本《もと》凌《りょう》幾《き》さん。

洋画家
岸本凌幾さん
（災害対策室課長時代）

消防と芸術の二刀流をやってのけた岸本凌幾さん

世の中には常人の何倍ものパワーを持って痛快に生きている人がいるものだ。そのうちの一人は間違いなく、消防職員と芸術家の道を駆け上った猛者《もさ》、横浜市消防局ＯＢの岸本凌幾《りょうき》さんだろう。

猛者とは、能力に優れ精力的に活動する快男子の意味である。岸本さんは、消防の世界で局長に次ぐ最高位の幹部の一人であると同時に、芸術家として二紀会会員、日本美術家連盟会員として名の知られた洋画家でもある。まさに常人には到底なし得ない、本格的な二刀流人生である。

岸本さんは、人が大好きで天性の「人たらし」であり、機知と行動力に富んだ消防幹部であり、抜群のアイデアと臨機応変な対応で知られた快男子である。

第八話では、ヨコハマの快男子、「災害対策のスペシャリスト」である岸本さんの並外れた生き様を紹介したい。

ダイジェストで見る岸本さんの半生記

まずは岸本さんの半生をダイジェストで紹介しよう。

岸本さんは１９４３年（昭和18年）生まれで、団塊の世代より以前の世代である。北海道は上砂川町の出身で４人兄弟の２番目であった。父は三井砂川鉱業所の職員として勤め、恵まれた環境であったという。家の近くに三井倶楽部があり日展の先生が油絵の指導に来ていた。岸本さんは中学生のときからその模様を窓越しにのぞき見していて、いつの間にか油絵の描き方を覚えた。「門前の小僧習わぬ経を読む」の絵画版である。

岸本さんの出身大学は横浜市にある神奈川大学法学部で、大学入学によって生涯にわたるヨコハマとのご縁ができた。

岸本さんの消防職員としての略歴は以下の通りである。

１９６８年（昭和43年）４月１日に横浜市消防局の消防士となったが、消防の隔日勤務に惹《ひ》かれての消防入りだった。昇任は思いのほか早かった。１９７１年には消防士長、１９７５年には消防司令補に昇任した。

消防司令補に昇任するとともに、自治省消防庁（現在の総務省消防庁）に２年間、研修生として派遣された。

１９７７年（昭和52年）には横浜市消防局に復帰し、企画課主任として勤務した。１９７９年には消防司令兼横浜市の管理職になり神奈川消防署片倉消防出張所長として、１９８０年からは人事課厚生係長、１９８４年からは予防課広報係長として勤務した。１９８６年には磯子消防署予防課長に就任して顕著な功績を挙げ、１９８８年には消防司令長に昇任、予防部指導課長補佐となり横浜博覧会の円滑な運営で成果を挙げた。１９９０年（平成２年）からは横浜市総務局災害対策担当課長、１９９３年からは消防訓練センター管理課長に任命された。

１９９６年４月には消防監に昇任、消防局部次長兼神奈川消防署副署長を経て、１９９９年（平成11年）には瀬谷消防署長に任命された。

２００１年には消防正監昇任とともに横浜ヘリポート空港長に就任した。２００２年５月には横浜市消防訓練センター所長兼消防学校長に就任し消防教育に情熱を注ぎ、２００３年（平成15年）３月に勇退、惜しまれつつ35年余の消防生活の幕を閉じた。岸本さんは、永年にわたる顕著な功績により、２０１４年（平成26年）11月３日には瑞宝小綬章の栄誉に浴している。

故郷「上砂川町」は今……

岸本さんは、生まれも育ちも北海道の中心部に位置する上砂川町の出身である。

上砂川町は、当時の日本の基幹産業である三井砂川炭鉱の本拠地であり、東京から転勤してくる職員家族が伝えてくれた都会の文化の一つが油絵であった。興味津々で油絵を描く人々を見つめる少年は、いつの間にか、自分自身を彼らと重ね合わせて見るようになったのだろう。すでにこのときから名画伯への萌芽が芽生えていたに違いない。

旧ＪＲ上砂川駅は、「悲別《かなしべつ》駅」として現存している。１９８４年（昭和59年）放映のテレビドラマ「昨日、悲別で」（脚本・倉本聰）で有名になった駅である。

上砂川町出身の著名人には、黒澤明監督作品の常連俳優である千秋実、俳優・映画監督である佐分利信、「失楽園」の作家として知られる渡辺淳一がいる。

廃線になった上砂川駅で

古典落語を聴いて人生一変

岸本さんは、中学3年生のときから油絵を描いてきた。修学旅行で札幌に行ったときに油絵の具を買ったからだ。高校では美術部長を務め、公募展の全道展に出展していた。

岸本さんは、横浜市内にある神奈川大学の地方試験が北海道で実施されることを知り、法学部を受験して合格した。

北海道から横浜に移り住んで間もない5月、上野で至宝「ミロのビーナス」が日本で初めて公開され、長い行列に並んで鑑賞した感激は今も忘れられない宝物だという。

上野公園から降りてくると「本牧亭」という看板が目に入った。岸本さんは、看板にある「寄席《よせ》」という字が読めず「キセキ」って何だろうと思い、下足番の人に「何か始まるんですか?」と聞いた。「これから三遊亭円楽の襲名披露独演会がはじまる」ということだったが、岸本さんは何も知らないまま初めて寄席に入った。

岸本さんは、舞台の座布団にちょこんと座った前座を見ただけで笑い転げた。噺《はなし》の内容なんか覚えていない。ただ仕草が可笑しかった。人生でこんなに笑ったことは後にも先にもなかった。岸本さんはそれをきっかけに落語が大好きになり、いろいろな寄席を巡り、夢中を通り越して「落語狂」の青春時代を過ごした。

岸本さんはその後、三遊亭円生、柳家小さん、古今亭志ん生、桂文楽等の名人芸に聴きほれてしまった。「話芸ってこんなに凄いんだ」と感動した。岸本さんは、「これがいい」となれば即行動、実行に移す人なのだ。

大学の落語研究部で高座に

岸本さんは当然のように、神奈川大学の落語研究部に入部した。落語研究部には、円楽師匠と同門の三遊亭生之助師匠が指導に来てくれた。卒業するまでには、約20席くらいに演目が増えていた。十八番は、野ざらし、時そば、崇徳院であった。

当時は、「全学連」という反体制派の組織をもじった全落連（全関東大学落語連盟）があった。全落連の大会には3年から大学を代表して出場した。その大会からは、青山学院大学出身の三遊亭円楽のように、プロが多く輩出されたが、岸本さんはさすがに「大学を出て噺家《はなしか》になります」とは家族に言えなかったという。

４年生になったものの、落語研究部の活動に時間をとられ、就職活動ではすっかり遅れをとってしまった。とりあえずは大学を出て、横浜市内の企業に就職することにした。

瓢《ひょう》箪《たん》から駒……ご縁は大事にしないと

岸本さんは、横浜市内の民間企業に就職したものの、落ち着いてくると絵のことが気になりだした。そこで転職するために大学の就職課に相談に行った。

岸本さんは「ほかにやりたいことがあって転職したい」と本音で就職課に相談した。すると、その時の就職課長のお父さんが元横浜市消防局長であったことから、「横浜市消防局はどうだ」と勧められた。「絵を描きたいんだろう。絵を描くなら消防しかないよ」とまでいわれた。岸本さんには隔日勤務が魅力であった。「ここしかない」と思い込んで受験した。

横浜市消防局の採用試験に合格したときは嬉しくて、街を走る消防車を見て追いかけたこともあった。わくわくした気分で消防隊員を見ていた岸本さんだが、採用当初には消防の使命感のかけらもなく、まったくの白紙状態で横浜市の消防士を拝命した。採用とともに、４月からの消防学校入校を命じられた。

スタートは一緒、目的も同じ

神奈川県消防学校は当時、山下公園の近くの横浜マリンタワーの裏側にあった。

岸本さんは、消防学校ではとにかく楽しくて、辛いと思うことは一度もなかったという。高校や大学を卒業したばかりの同期生とは年齢差があったが、スタートは一緒、目的も同じ方向を向いていた。消防学校の生活になじむこともでき、消防訓練の意味を身体で理解したという。

岸本さんは、同期生の親に消防署長や団長等、消防関係者が多いことを知った。それは親が子どもに就いてほしい職業であることを意味している。岸本さんは「消防という仕事は素晴らしい仕事だ、これはしっかりやらなくちゃいけない」と認識を新たにした。

入校生は県内の各消防本部（局）の割り当て人員を取り合うような状態で入校してきており、横浜市消防局からは（岸本さんを含む）20数名が入校していたが、多くの入校待機組がおり、彼らを入校させるために卒業を早める必要があるということだった。岸本さんも7月に卒業し、南消防署に配置され、「現地研修」として引き続き研修を継続することになった。

初めての火災出動は、風呂屋の火事であった。

夏の暑さのなか、岸本さんは汗びっしょりでホースを手広《てびろ》めで延長し、息が上がってしまった。そのとき居合わせたおばさんに「あんた、頑張んな」と声をかけられ、水をもらった。疲労と喉の渇きのなかで、水をいただいたことが今でも忘れられない、ほろ苦い思い出として残っている。同時に「体力をつけよう、訓練しよう」という気持ちがますます強くなったという。

晴れて幹部候補生となった岸本さん

岸本さんが南消防署に勤務し始めた昭和40年代は、横浜市が大都市としての成長過程にあり、人口増加に伴う建設ラッシュに湧いた時代でもあった。

都市化の進展とともに、横浜市消防局でも大学卒業生を採用する基準が設けられるようになった。当時、横浜市の行政職には大卒採用があったが、消防局の採用は学歴に関係のない「消防吏員」としての採用で、岸本さんのように大学卒業者でも大卒者としての扱いではなかった。行政職との格差の解消の意味もあり、横浜市消防局では、岸本さんのような現職の大学卒業生も「大卒採用」の再試験を受けることができるようになった。大卒者向けの試験のレベルは高かったが、岸本さんは試験に見事合格し「大卒採用」として認定され、幹部候補生となった。

岸本さんは大卒職員として消防局（本部）に助勤を命ぜられ、横浜市消防学校の開設準備室に配置された。そして、横浜市独自の消防学校を設置する検討に入った。

岸本さんは消防学校開設準備室で勤務中に、消防士長昇任試験が受けられる基準に達し合格した。消防士長試験合格後の定期異動では人事教養課に消防士長として配属され、現任教育の教官となった。岸本さんは、先輩職員や上司に対する教育訓練を担当することにかなりの抵抗を感じながらも、何とかやり遂げてしまった。その努力が認められ、消防司令補昇任試験にも合格し昇任を果たした。

消防司令補として総務課に異動し、消防団の担当となった。「この機会に消防団のことを勉強しなさい」ということであった。その2か月後、今度は自治省消防庁（当時）に研修生として派遣されることになった。１９７５年（昭和50年）４月のことで、佐々木喜久治消防庁長官から総務課企画係の辞令をいただき、かなり緊張したという。

消防人生の本当の意味でのスタート

消防庁には、各都市から消防職員を研修生として派遣させ、消防行政を学ばせるという目的があり、岸本さんも研修生として派遣された2年間は、早朝から深夜までの強烈な勤務となった。

　消防行政を揺るがすような災害や大事故が多かった時期であった。岸本さんが派遣される前年の1974年（昭和49年）12月、岡山県倉敷市の水島コンビナートでは石油タンクからの重油流失事故が発生し、社会問題となっていた。そのため、事故再発防止の観点から石油コンビナート等災害防止法の法律案を消防庁消防課で進めていた。岸本さんはこの消防庁勤務時代に法案作成の流れを学んだ。

　岸本さんは、この消防庁勤務時代が、自分自身の消防人生の本当の意味でのスタートであったと思っている。

消防庁の仕事で視野が広がった

　総務課企画係の業務分掌は、年2回の消防審議会の開催、少年消防クラブ、沖縄海洋博覧会に関することと等であった。少年消防クラブの業務については、財団法人日本防火協会（笹川良一会長、現在の一般財団法人日本防火・防災協会）と関わった。

　岸本さんが携わったのは、全国の少年消防クラブ員の制服基準を作り、それに基づいて制服を新調し配布する計画であった。岸本さんは、佐々木長官に随行し笹川良一会長のもとに出向いた。少年消防クラブ員の制服のデザイン画では岸本さんの絵心が活かされ、その制服基準がすんなりと採用されたという。北は北海道から南は沖縄までの少年消防クラブ員の制服であり、寒暖の差を考慮した上着の組み合わせには笹川会長も大満足であったという。

岸本さんにとって、自治省消防庁（当時）の勤務はとても充実したものであった。すでに結婚して家庭を持っていたが、激務の連続も、岸本流の仕事術を駆使して難なく処理し、人の懐に飛び込む「人たらし」の技も磨かれていった。滅私奉公の「月月火水木金金」の24時間仕事モードのなかでも、二紀展に出品する150号の大作を制作していたというから並外れたパワーの持ち主といえる。

少年消防クラブの制服贈呈式
（隣に笹川良一会長）

メジャーリーグのロサンゼルス・エンゼルスの大谷翔平選手は投手としても打者としても活躍する「二刀流」の選手として知られるが、岸本さんは「リアル二刀流」を標榜し、知恵を絞り創意工夫をしては時間を作り出し、消防本来の仕事と日曜画家としての作品制作の二刀流を成し遂げてきた。なお、岸本さんは当時、奥さんの千文さんの実家がある横浜市内の白楽から霞が関まで通勤していたという。

助けるか死ぬか……パリ消防隊員の覚悟

岸本さんはまた、当時の自治省消防庁勤務時代に消防専門誌「近代消防」を発刊している出版社の尾中米藏社長と親しくなり、月刊雑誌「近代消防」と関わるようになった。絵を描く岸本さんは漫画を描くこともでき、その漫画が尾中社長の目に留まったことがきっかけのようだ。

岸本さんは、尾中社長と交流するなかで、社長が美術に明るいことを知り、社長が何かしら「消防を変えたい」という思いを抱いていることを感じた。岸本さんも、尾中社長や編集スタッフとともに何か新しいことを創造できそうな予感を抱いたという。ちなみに、当時の「近代消防」には、ピンキーとキラーズのメンバーで歌手の今陽子さんの父親で漫画家の今津次朗さんも作品を掲載していた。

当時の「近代消防」編集スタッフが新たに立ち上げた企画が、伝説の雑誌「ＡＬＬＯＯ－１１９（アロー１１９）」であった。消防のファッション誌とでもいう感じの雑誌であった。岸本さんもその美的センスや仕事術を買われてボランティアの編集スタッフとしてこのＡＬＬＯＯ－１１９に関わった。

「ＡＬＬＯＯ－１１９」の１９７７年（昭和52年）創刊号の最初のページ「男の詩」は、岸本さんが取材だけでなく執筆、編集までの全工程を担当し、都市災害に挑むオレンジ服の救助隊員の心意気を表した記事であった。

男の詩

パリ消防隊を取材

ALLOO-119

「ＡＬＬＯＯ－１１９」の経験がもとにもなり、消防庁勤務中の岸本さんは、尾中社長らとともに、パリ消防の取材のためにパリに渡ることになった。

岸本さんが消防人の立場から注目したのは、パリ消防隊員の胸に輝く消防徽章であった。そこには「助けるか死ぬか」という直截《ちょくさい》な言葉が刻まれていた。岸本さんはパリ消防の覚悟と心意気を感じた。この言葉に生死をかけてでも市民の生命を守り抜く崇高な精神が籠っていると感じたからだ。岸本さんは、消防職員としてそのパリ消防の言葉「助けるか死ぬか」を座右の銘として自らの心に刻んだ。

２００１年のニューヨークの同時テロ災害の現場では、大勢の人々が逃げ出してくる世界貿易センタービル（ＷＴＣ）の内部へと、ピーター・ガンチ消防局長以下、ニューヨーク市消防局の面々が人命救助のために突入していった。

まさに「助けるか死ぬか、死ぬか助けるか」を体現したワンシーンであったと、岸本さんは振り返る。

横浜市消防局入局当時は、隔日勤務の魅力に惹かれただけの、使命感ゼロであった人間が、仕事に鍛えられさまざまな出会いを通じて、人々の生命と財産を守る崇高な使命感を体得するに至った。むしろ白紙状態であったからこそ、心に深く刻まれたともいえる。

人間は多様な経験を通じて成長できることを岸本さんは身を持って体験した。

横浜市消防局に戻ってからの岸本さん

自治省消防庁での2年間の研修生生活を終え、横浜市消防局に復帰した岸本さんの担当任務は、企画課企画主任で、横浜市の消防に係る条例や規則等の起案がその業務内容であった。その仕事ぶりが認められ、岸本さんはその後、係長試験（消防司令昇任試験）に一発で合格を果たした。毎日仕事で行っていることがそのまま昇任試験の受験勉強をしているようなものであったと、岸本さんは振り返る。

岸本さんが消防司令昇任試験に合格したのは33歳のときであったが、実際に消防司令に任命されたのは3年後の36歳のときであった。岸本さんは、片倉消防出張所長を拝命した。同消防出張所は横浜駅西口周辺の災害に対応する拠点としての位置づけで、当時でも高額なスクワート（屈折放水搭車）が配置されていた。1年間だけの出張所長としての勤務であったが、岸本さんにとっては数少ない現場経験の一コマとなった。

難燃性の作業服や防火服の導入に挑む

岸本さんはその後、人事課厚生係長に抜擢された。そこで制服などの被服の企画発注業務を担当した。

岸本さんは、難燃性のポリアラミドを使用した作業服や防火服を、全国の消防機関に先んじて採用することになる。

岸本さんは市役所の財政部門の職員と熱く意見を交換するなかで、「消防が近代化することと消防隊が安心して災害活動をすることが、市民を守ることにつながる」と説き、その結果、新規予算を獲得することになった。当時は、ポリエステルの防火服は洗濯しやすいという長所がある反面、熱に弱く燃えやすいという短所があった。

難燃性のポリアラミドはフランスの化学メーカー「デュポン社」が開発したばかりの新素材であった。その時に日本で輸入代理店をしていたのがテイセン（帝国繊維）であった。デュポン社がテイセンとタッグを組んで必要なデータを提供してくれた。岸本さんはここで初めてテイセンと業務上のコンタクトを取ることになった。

当時のテイセンは「キンパイホース」以外の商材はほとんどない状態であったという。

消防ホースと消防の制服を主な商材とする繊維メーカーという印象であったが、横浜市消防局との契約から総合防災企業へと大転換を図ったようである。テイセンにとっても大きな転機がもたらされたのだろう。

作業服、防火衣のデザイン、機能性等の素案を手がけたのは、岸本さん自身であった。器用な岸本さんは、デザイン画も難なく仕上げた。この部署でも、絵画の才能が大きな力となった。岸本さんが今から半世紀近くも前に30代で導入した作業服の素材、デザインは、今も変わらず横浜市消防局で踏襲されているという。

予防課広報係長としての活動

岸本さんは人事課で4年間勤務し、その後は予防課広報係長となった。

横浜市消防局は当時、「家庭の安全を守っている主婦の方々に家庭防災員になっていただこう」と、家庭防災員制度を全国に先駆けて創設していた。岸本さんは広報係長の立場で、その制度の普及啓発活動全般を仕切った。岸本さんはキャッチコピーを考案しパンフレットを作成するなど、持ち前のアイデアや絵心を存分に発揮した。

横浜市消防局では「横浜消防」という機関誌が毎月発行され、その実質的な編集長は岸本さんであったから、表紙から記事内容まで岸本カラーであったことはいうまでもない。表紙は、日本画壇の巨匠、加山又造画伯の作品で飾った。加山画伯は横浜市鶴見区岸谷に住居を構えていた。

文化勲章を受章した大家の絵が横浜市消防局の機関誌を飾っていたのだから驚かされる。

岸本さんは当時、1年分12枚の絵を加山画伯から借り受けた。岸本さんは加山画伯にも大いに気に入られたようで、奥様に入れていただくお茶と和菓子をいただき、部下の係員ともども感激したものだという。

どうやら岸本さんは稀代の「人たらし」なのだろう。岸本さんは使命感ゼロの状態で横浜市消防局の一員となったものの、勤務経験を重ねるごとに熱い消防魂に目覚めていった。人も仕事も好きだという素質は北海道の上砂川町にいた頃から変わらない。好奇心旺盛かつ研究の熱心さでは誰にも負けない「道産子」消防人、それが岸本さんである。

加山又造画伯を訪問

磯子消防署予防課長としての大規模火災対応

岸本さんはその後、磯子消防署の予防課長に任命された。現場経験が少ないことから現場での管理職経験を積むようにとの消防局上層部の配慮によるものだった。岸本さんは2

年にわたりこの新任地で勤務した。

１９８８年（昭和63年）２月10日の午後４時14分頃、コンビナート地域である磯子区新杉田町の株式会社東芝タンガロイ横浜事業所の工場で爆発火災が発生した。大規模工場火災であることから、岸本さんは磯子消防署予防課長として、直ちに現場に出場した。現場到着と同時に工場関係者を集め災害状況を聴取するも、得られたのは断片的な情報のみであった。超硬合金を製造する機械のスプレードライヤーが爆発したという状況から、原因は危険物であると判断し、警戒区域を広範囲に設定するとともに、側溝等にガスが滞留している可能性があることから二次災害を防止するよう、警防課長に指示した。

岸本さんはまた、工場に一部操業停止命令をかけ、調査活動を開始した。岸本さんは、それまで培ってきた知識をもとにあらゆる可能性を視野に入れて調査、検討した。その結果、工場内で使用しているヘキサンという引火性の物品が操作室内で電気スイッチのスパークにより引火爆発したものとして出火原因が特定された。

岸本予防課長と磯子消防署の署員による調査活動により、原因が究明され再発防止対策が図られたことから、工場関係者から感謝され、さらには他工場への適切な行政指導が行われ、出火防止対策の徹底が図られた。

この爆発火災により、工場４、６４０平方メートルのうち部分焼１棟、死者１名、負傷者５名の被害が発生した。

博覧会の安全な運営を支えた横浜市消防局

１９８９年（平成元年）、横浜博覧会が横浜みなとみらい21地区で開催された。この博覧会は、横浜市制１００周年、横浜開港１３０周年の記念事業であった。消防局長から関係する部署の職員に対し「絶対に事故を起こしてはいけない」と厳命がなされた。指導課には課長補佐ポストが新設され、岸本さんが消防局長の指名で同ポストに任命された。併せて特別査察隊も新設され優秀な職員が集結し博覧会会場を巡回し、パビリオンの査察と安全指導を行った。

岸本さんは、課長補佐として20人の所帯を取り仕切った。博覧会は事故もなく終了し大成功を収めた。岸本さんは、警察ともよい関係を維持しながら連携を密にし、安全安心な博覧会の運営を陰から支えた。

ベイブリッジで15分間だけの訓練

横浜博覧会が終わってすぐに、人事異動が行われた。岸本さんは、課長昇任により横浜市総務局災害対策室に異動した。総務局災害対策室は、横浜市のリスク管理の大本営であり、横浜市内で発生する重大な緊急事案に対処する部署であった。台風が来るとなれば

「横浜市の課長以上、待機」等の指示をするのが、岸本さんの役割であった。ちょうど南関東大地震、神奈川県西部大地震等の発生周期に入るといわれた時期にあり、巨大地震が危惧される中で、六都県市防災訓練が横浜市で開催されることになった。岸本さんは、開通間もない横浜ベイブリッジを全面通行止めにしての橋上防災訓練を担当した。この訓練は統括視察の海部俊樹首相から高い評価を受けたが、簡単に橋上訓練が実施できたわけではなかった。

横浜ベイブリッジの全交通を遮断しての橋上訓練であったが、日本道路公団は使用を許可をしなかった。「ここは交通の大動脈だ。止めることは絶対できない」とまったく聞く耳を持たない。先に折衝に出向いた３人の課長は、そこで断念して帰庁してきた。

岸本さんは４番手の課長として、訓練計画書を持って、日本道路公団へと出向いた。岸本さんが「私は高秀市長の代理で来ています」と宣言すると、公団担当者は「高秀市長がそんなことをいうわけがない。市長に聞いてみますよ」といい、確認の電話かけた。その数分後、公団担当者の上司から「わかりました。ただし訓練は15分だけ」という条件で、訓練実施の許可をもらった。大黒ふ頭でたとえ15分でもベイブリッジの橋上訓練ができることとなり、岸本さんは15分で実施可能なかたちに訓練を計画し直した。

訓練の模様はテレビや新聞で幅広く報道された。特にテレビ報道は凄かった。海部総理に訓練を見てもらうことで、橋の安全性を理解していただくという主旨でもあった。岸本さんが消防局に戻る時には特別昇給を受けることになった。

名実ともに「災害対策のスペシャリスト」として市長にも評価されたのだろう。

消防署長・部長として取り組んだこと

１９９９年（平成11年）４月、瀬谷消防署長に任命された岸本さんは、それまでの豊富な知識経験をもとに、管轄区域内の住民と一体となり、区役所、警察署と連携を密にした消防行政を推進した。

　同年８月、神奈川西部地震発生の危険性が報道され、横浜市内では瀬谷区が最も被害が大きくなるという予測が発表されると、岸本さんは全自治会、町内会単位に、夜間も含めて防災懇談会を巡回方式で開催した。合わせて消防団との連携訓練、区役所との本部訓練を実施した。素早く防災体制を確立することに重点をおいたそれらの施策により、区民から絶大な信頼を得た。

　岸本さんはその後、２００１年（平成13年）４月に消防正監に昇任し横浜ヘリポート空港長に就任した。同空港には、消防ヘリコプター以外に、神奈川県警や海上自衛隊のヘリコプターも配置されており、その任務の大きさゆえに、さすがの岸本さんも緊張勤務が続いたという。

　岸本さんは、かねてより横浜市が最初に導入したヘリコプターの歴史的価値に注目しており、横浜ヘリポート空港長時代にその展示室の建設に着手し完成させた。その後の航空消防フェアでは、その展示内容により、少年消防クラブ員に夢と防災知識を与えることができたという。

岸本さんはさらに、２００２年（平成14年）５月、横浜市消防訓練センター所長兼消防学校長に任命された。ここでは、初任教育生80名全員を１人の落伍者もなく卒業させている。同時期には、救急救命士養成所の基本設計を手がけるとともに、教育環境の整備として視聴覚教室を改修し、時代に相応したコンピューターを導入し、教育機器を整備した。

岸本さんは同年にはまた、火災による水損防止を図るミスト消火理論による新しい消火システムを研究開発した。その結果、横浜市の職務発明審査会で特許申請が行われ、総務省消防庁、独立行政法人消防研究所（当時）からも高い評価を得て、各消防署で実戦検証

中国からの消防視察団が横浜市消防学校を訪問

救助隊員とともに門松を作る
（瀬谷消防署長時代）

瀬谷区消防出初式

が行われた。

岸本さんは、かつて消防学校の用地さがしに携わった一人であり、消防人生の総仕上げが消防学校長だったことで、最高に幸せな「幕引き」だと感じた。

岸本さんは、２００３年（平成15年）3月、35年の消防人生に別れを告げた。勇退式では長年の顕著な功労実績に対して、当時の中田宏横浜市長から横浜市功労者表彰を受けている。

「制作する」ということ

ここで岸本さんの画業に対する赤裸々な思いを、本人の書かれた文章等をもとに紹介したい。

「絵画制作は本当に地味な地道な作業である。アトリエと言うものの、生活空間のなかでやっと確保したスペースは、絵の道具と同じくらい工作工具、図書がところ狭しと置かれている。自分にとってはまさに美・夢工場であり、絵画の発想が湧き出てくる場所でもある。たかが絵と思っても制作しているうちに悩み、迷い、そして試行錯誤のなかから自分の表現したいものを探し、そして発見する。

この過程は絵を描く人でないと分からない過程かもしれない。ピカソにしろマチスにしろ生きていた時代のものの見方、美術の在り方に疑問を感じ、自分はいま何を発見し、何を創り出さなければならないかと悪戦苦闘した。

その凄まじいエネルギーを必要とする過程のなかから新しい『美』を生み出したから、私たちは深く共鳴し感動するのである。

いま一度、『自分にとって絵を描くということは何か』について思い巡らすのもいいものである。」

岸本さんは、消防に入ると同時に手を休めることなく公募展に出品を始めた。

神奈川県展で初出品した作品が県議会長賞、次の年には横浜市長賞を受賞した。この勢いで中央公募である一般社団法人二紀展に初出品し初入選、7年後には同人に推挙された。二紀展同人賞、二紀展準会員賞、二紀展会員推挙と輝かしい画歴は実に驚異的である。

岸本さんから消防の方々へのメッセージ

ここで、岸本さんから消防の方々へのメッセージを紹介したい。

「消防の後輩には厳しく注文したい。消防活動は『助けるか死ぬか』であり、間違っても『逃げる』という選択肢はないのが消防だ。世の中の趨勢《すうせい》を見て、日々起きている災害、事故等を自分の身に置き換えて備えなくてはならないことが第一点だ。災害も大きく変化している。資機材の充実、防火衣等の更新はもとより、常に最新装備には注目してもらいたい。その地域を守る資機材はどれが適しているか、情報網も常にチェックしたい。

法令関係も複雑になってきていることから知力を深めてもらいたい。消防人として体力の向上は常に行いたい。」

岸本さん自身、「世のため人のため」と思い、常に「いざ、鎌倉」の気構えで生きてきた。また、大先輩の口ぐせであった「義理と人情とやせ我慢」という言葉がいつの間にか、岸本さん自身の「座右の銘」になっていたのだ。また、岸本さんは「過去・現在・未来という言葉があるが、消防にあるのは未来だけであり、しかもかなり重い責任を担う職域になる。生命、身体、財産を護《まも》ることの意味を常にかみしめていただきたい」と述べている。

横浜市消防学校20周年に対し、
油絵「使命」を寄贈

神奈川県消防職団員保養施設・
まとい荘の壁画を描く

岸本さんのリアル二刀流と「刺股《さすまた》人生」

何といっても安全は、人間の営みの根源でもある。「世界は一つ、人類はみな兄弟」という言葉はかつて財団法人日本防火協会の笹川良一会長が発した言葉だが、ウクライナでの戦いを考えると、今こそ、その意味をより深くかみしめたいものである。

岸本さんは、「キャリアとしての消防職は終わっても、災害には常に目を見《み》開《ひら》きたいし、内なる消防人生に終わりはなく今も進行中である」と熱く語る。岸本さんに言わせれば、「リアル二刀流」は消防的には「刺股（さすまた）人生」なのだそうだ。江戸の町火消しが破壊消防で使用した「刺股」は、左右に広がっており、現在の消防署の地図記号は刺股が図案化されたもの

銀座ギャラリー「ムサシ」で個展を開催

洋画壇の重鎮山本貞画伯から激励される

だ。その「刺股人生」を生涯、連続歩調で駆け抜けたい、というのが岸本画伯の願いでもある。

岸本さんは「何しろライフワークそのものなのだから」として二紀展に51年間も出品し続けており、「まだまだ描けるうちは大作を出品し続ける」という。消防人生同様、画業の世界でも更なる高みを目指し続けることだろう。

ヨコハマのジャズメンを描き続ける洋画家、岸本凌幾さん、絵画における音楽性を追求する岸本画伯の熱いまなざし。その絵からは、心震わすスイングとともに、みなと横浜を愛する岸本画伯の心の叫びまでが聞こえるようだ。

岸本凌幾氏の連絡先は次の通りです。

住所　〒226－0002　横浜市緑区東本郷5－38－10

携帯電話番号　090－5534－6113

ベーカリープロデューサーの岸本拓也さん（ご子息）とともに

第九話

米国の安全教育等を伝え続ける消防人生──長《は》谷《せ》川《がわ》祐《ゆう》子《こ》さん。

一般社団法人 RISK WATCH 顧問
長谷川祐子さん

米海軍消防隊予防課長から RISK WATCH 創設者に

神奈川県横須賀市は昔も今も著名な軍港である。長谷川祐子さんは、その横須賀市にある在日米海軍基地の名物予防課長であった。サービス精神旺盛で、自分ができることは何でもやってきた祐子さんの評判が悪いはずがない。「ヨコスカの祐子さん」、「米海軍消防隊の長谷川予防課長」として日本の消防界では、「知る人ぞ知る」存在であった。祐子さんは、それこそ朝から晩まで走り続けるマラソンランナーのような根性（ガッツ）と努力の人であり、行動力抜群の人である。米国の消防文化と在日米海軍消防隊の存在を日本の消防・防災関係者に伝え、日米消防の相互理解と交流に貢献し続けた長谷川祐子さん。その顕著な功労事績により、ペンタゴン（国防総省）では国防長官直々の表彰を受け、幾度となく海外優秀予防課賞等を受賞してきた。だが、すべてが順風満帆であったわけではない。

　そこには語りつくせない苦悩も悲しみも葛藤もあった。英語も最初から堪能であったわけではない。その英語を磨き続けるための努力は並大抵の努力ではなかったが、やがて大輪の花と咲き実を結び、長谷川祐子さんの強力な武器となった。やがて、「ヨコスカの祐子さん」の企画した基地見学会や、そのパワフルな活動は基地の外へと広がった。祐子さんは日本全国で、米国の消防文化と教育手法を伝え、日米消防のきずなを深めるために貢献し続けたが、それは多くの人々とのご縁によりなし得たことであった。祐子さんはご主人の剛久《たけひさ》さんや3人の娘さんに助けられ、職場の上司や同僚、部下に助けられた。だがその一方では、とんでもない性悪な人とも戦わなければならなかった。在日米海軍という異文化の世界で、日本女性の矜持《きょうじ》を持って輝き続けた祐子さんの情熱は、消防を離れても変わらなかった。

　2013年（平成25年）、定年退職と同時に、米国の安全教育を通じて子供の命を守る「RISK WATCH」（リスクウォッチ：危機監視）」を個人の活動として立ち上げ、その後2018年（平成30年）からは長女の奥田悦子さんを後継者兼パートナーとし、正式に「一般社団法人 RISK WATCH」を創設した。

　長谷川祐子さんは持病の足腰の痛みをこらえながら、「子供たちが自分の命は自分で守るための実践的な安全教育」を伝え続けている。RISK WATCHの活動を始めてから10年目の2023年（令和5年）1月から、組織としてのRISK WATCHの舵取り役（理事長）が、祐子さんから奥田悦子さんに代わった。悦子さんが、祐子さんの想いと志《こころざし》を引き継ぐ後継者として十分に進化成長し活躍し続けてきたからである。2人はこれからも楽しみながら日米消防文化の架け橋として活動を続けていくことだろう。

ダイジェストで見る長谷川さんの半生

最初に長谷川（旧姓：桜井）祐子さんの半生をダイジェストで紹介したい。祐子さんは、1952年（昭和27年）に長崎県西彼杵《にしそのぎ》郡大島町（現在の西海《せいかい》市）で桜井祐嗣《すけつぐ》・隆子夫妻の長女として誕生した。

町立東中学校卒業後には、長崎市内にある私立活水高等学校、活水短期大学（現在の活水女子大学）英文科に進んだ。短期大学卒業と同時に、日本航空に入社し博多空港旅客課にグランドホステスとし

活水高等学校時代（左）

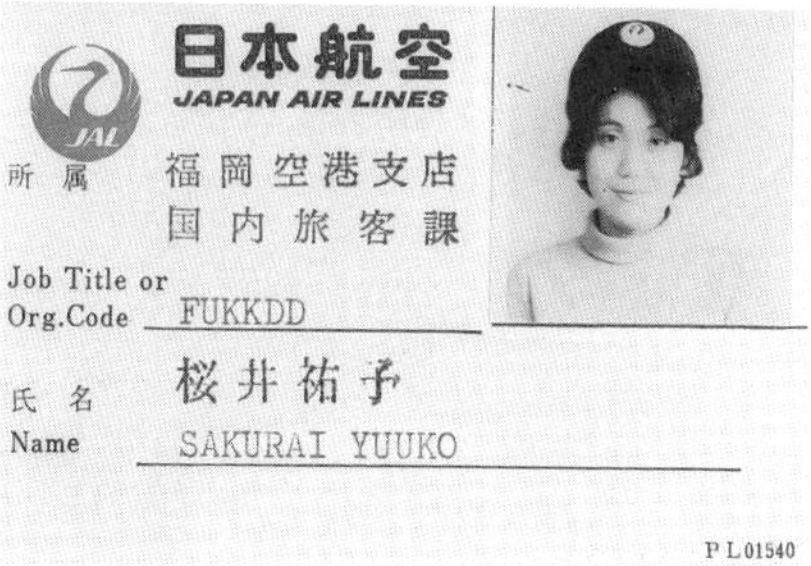

日本航空時代の身分証明書

て勤務した。３年後の１９７５年（昭和50年）には、剛久さんとの職場結婚を機に退職し専業主婦となった。１９８４年（昭和59年）、ご主人が那覇空港勤務となり、娘さん３人を含む家族５人での沖縄の暮らしがはじまったが、この沖縄での生活が米国との縁を深めるきっかけとなった。

沖縄に移転した翌年、沖縄国際婦人クラブ（ＯＩＷＣ）に参加したところ英語ができることから役員に推挙され、米国軍人婦人クラブのメンバーとも交流する機会が多くなった。

やがて、１９８８年にはご主人が羽田空港勤務となり、一家は横浜市に引っ越した。その年、祐子さんは東京都渋谷区の国連大学に職を得て2年間勤務した。１９９０年（平成2年）には、米海軍横須賀基地の消防隊予防課に就職し7年後の１９９７年には予防課長に昇任している。

祐子さんは米海軍横須賀基地消防隊に23年間勤務し、２０１３年（平成25年）に定年退職し、それ以降は前述のとおり、「RISK WATCH」を立ち上げ、長女の奥田悦子さんとともに日本全国で精力的に、米国の安全教育の普及活動を続けてきた。本年1月からは、悦子さんの一般社団法人RISK WATCH 理事長就任に伴い、祐子さんは顧問として支える立場に変わった。

なお、祐子さんはその卓越した行動力と日米消防交流などの実績が認められたたびたび海外優秀予防課賞を受賞している。また、１９９９年（平成11年）には米国のペンタゴンで、年間最優秀海外基地賞と海外基地最優秀ＭＬＣ従業員賞をダブルで受賞している。

いずれもワシントンまで出向き、国防長官から直接表彰を受けたものだ。これらの表彰は、いわば米国の４軍の海外消防隊の中で最優秀と認定されたものであった。

祐子さんは、多くの人とのご縁があって多くのことができた幸せな人生だと述べている。

長崎の街と英語のご縁に生かされて

大島町（現西海市）は海沿いの街で、祐子さんはこの町で生まれ、幼い時から海に親しみ、伸び伸びと育った。自営業で町議会議長まで務めた父親が狩猟を趣味としていたことから、常に祐子さんのそばには狩猟犬のポインターやセッター、後には柴犬などがいたので、父親に怒られると飼犬と一緒に過ごし慰められたという。高校、大学は、前述のとおり長崎市内の活水学院に通学し、在学中には長崎バスの学生ガイドとしてアルバイトをしたことがあり、それが縁で、長崎の歴史を学ぶことになった。祐子さんの初々しい観光ガイドの模様は、地元テレビ局の番組でも放映された。

短期大学卒業後には日本航空に入社し、グランドホステスとして福岡空港に勤務した。この福岡空港で学んだことは数多い。グランドホステスの業務の全般から飛行機のこと、立ち居振る舞い、言葉遣い、接客態度、化粧のイロハまで、仕事を通じてそれらをどん欲に吸収した。祐子さんは、座席の予約や乗客の手荷物預かり、誘導案内、搭乗券の販売等など、忙しく立ち働いた。

その中でユニークなお客さんにも対応した。搭乗券を50万円分買い上げたブラジル移民のお爺さんが腹巻の中から50万円もの現金を出したり、家族が危篤で泣きっぱなしの学生さんを搭乗ゲートまで付き添ったり、お婆ちゃんと一緒に大事な荷物を探したこともあった。サービス精神旺盛でオープンな性格の祐子さんには打って付けの仕事でもあったのだろう。

祐子さんは、空港での仕事に就けたのは英語の世界に進ませてくれたご両親のお陰と、今もなお感謝の心を忘れてはいない。

沖縄国際婦人クラブと米国軍人婦人クラブのメンバー

コミュニケーションツールとしての米語と英語

１９８４年（昭和59年）、長谷川祐子さんはご主人が沖縄県の那覇空港に転勤となったことで、それからの４年間を沖縄で暮らした。沖縄婦人クラブの役員としての活動は楽しい思い出ばかりで、米国軍人婦人クラブの人々との交流を通じて、生きた英会話（米語）に触れ、米国流のイベントの作り方やパーティの盛り上げ方、おしゃれ作法、そして何よりもボランティアとして地域福祉に携わる際の行動や関わり方を学んだ。その沖縄での暮らしが、その後において米語や米国文化に深く触れる大きな契機となった。

ご主人の仕事で神奈川県の横浜市に移転してから、日産自動車での通訳業務に従事できたのも、４年間の沖縄暮らしの賜物であった。しかし、アメリカ英語とは違う英語を使う英国人技術者の英語は、最初のうちは全く理解できなかったという。３日目に「辞めたい」と申し出たところ、職場の上司に「年長者として頑張って欲しい」と強く慰留された。その日から、朝４時起きで家事を片付け、会社に出勤してすぐに英国人技術者たちと一緒にラジオ体操を行い、辞書を片手に少しでも多く話す機会を作るようにしたという。その努力が実って、苦手だったイギリス英語も理解できるようになり、３か月間の通訳経験は終了したが、その後も英会話学校に通い続け、さらに実力向上のために努力し続けた祐子さんであった。

国連大学から米海軍横須賀基地消防隊への転職

3人の娘さんの子育てや教育にも忙しかった長谷川祐子さんだったが、30代半ばからは英語が使える国連大学（東京都渋谷区）の受付勤務の仕事に就いている。最初のうち、ご主人の剛久さんは「子供がかわいそうだから」と祐子さんが就職することに賛成ではなかったが、「子供たちのPTAには全て出席する」と約束してようやく了承してもらった。

国連大学の受付の相方は、可愛いらしい米国留学体験者で、彼女の英語は見事で電話応対もショックを覚えるくらい流ちょうな英語だった。祐子さんは横浜から渋谷までの通勤電車の中で電話英会話を何度も何度も繰り返し暗唱して覚え込んだという。祐子さんは、努力することにかけても天才的であったのだろう。まさに「ローマは一日にしてならず」である。

仕事にも電話英語にも慣れて余裕ができてくると、「もっと余人に代えられない特殊な仕事がしたい」という意欲が出てきた。じつは、国連大学の学長以下も素晴らしい人物ぞろいで勤務環境は申し分なかった。しかし、小さな満足感に安住しないのが祐子さんの持ち味で、その頃、神奈川県横須賀市の在日米海軍基地の消防隊でファイヤーインスペクター（消防検査官）の公募があることを知り早速応募したところ採用が決まった。国連大学には2年間勤務し楽しく充実した日々ではあったが、新たな分野での仕事にチャレンジできる喜びが大きかった。祐子さん、38歳の決断であった。

米海軍消防隊の予防課勤務は甘くなかった

長谷川祐子さんは、在日米軍基地の消防隊（陸海空3軍の全て）で初めての日本人女性ファイヤーインスペクターとして採用された。そのため、祐子さんのロールモデル（役割上のモデル）となる女性従業員はどこにも存在しなかった。祐子さんは、米国人の上司や同期採用の仲間のお陰で、米国のＮＦＰＡ（全米防火協会）認定のインスペクター試験に合格し、本格的に消防検査官としての業務を続けることができた。ところが採用直後には、パワハラまがいの厳しい日本人上司の元で勤務したこともあった。あまりの厳しさに負けて、半年間ほど消防長の秘書業務に就いたこともあったが、再び予防課の仕事に復帰したという。

「仕事を辞めたい」と言った祐子さんを叱咤激励したのは、じつはご主人の剛久さんであった。「今は辞める時ではない。出戻ってたとえ意地悪をされても、耐えて必ず見返してやれるように、歯を食いしばって仕事に集中した方がいい」とこんこんと説得されたという。

祐子さんの消防隊勤務は、決してすべてが順風満帆というわけではなかった。その時々の辛さや悲しみ、葛藤を忘れることはできないが、それを乗り越えてきたからこそ、後に横須賀海軍基地消防隊の「名物予防課長」として手腕を発揮できたのだろう。自分の意見を述べるにしても、上司や同僚の指示、部下の予防課員の報告を受けるにしても、全て英語を通じてのコミュニケーションである。その英語能力を磨き続けることが自分の居場所を作ることにもなった。だから最初のうちはアメリカ英語を身に付けるために、できることは何でもやってきた。また、時には異文化社会の中での強烈な人間関係に悩まされ、時には孤独感を味わい、ある時は性悪《せいあく》な部下との心理戦もあった。また、その一方では素晴らしい上司、同僚や部下職員に教えられ支えられた日々でもあった。

米語と米国消防の壁を乗り越えるために

長谷川祐子さんを知っている人には、彼女が実力派予防課長として、英語を介して鮮やかなリーダーシップを発揮していた印象が強いことだろう。だが、祐子さん自身は米国に留学したことはなく、一方、基地に勤務している同僚たちは留学経験者ぞろいであった。

同僚たちの流ちょうな英語を聞くたびに、その落差の大きさにショックを受け落ち込みもした。英語学習では、横須賀基地に勤務してからも本当に苦労したという。英文科での学習は何だったのかと思うほどで、例えば消火器はFire Extinguisherだなんて、大学では学びもしなかった。

消防の世界には専門的な用語もあり、専門職として学ぶことは山ほどもあった。できるだけ米国人と話すように努め、消防のテキスト等も読み漁《あさ》った。結局、基地内にある大学の英語講座に3か月通学し、その後も別のクラスにも通った。英作文のクラスにも3か月間通った。そのクラスは夜の7時から9時までの週2回のクラスだった。午後4時に仕事が終了して、すぐ家に帰り夕食の支度をして、午後7時までには基地内の大学のクラスに戻り、2時間の講義を受けて、9時にくたくたの状態で家に戻った。そのように限られた時間内に自宅と基地を往復できたのは、マイカー通勤だったことと、ご主人に助けられ、長女の悦子さんが妹たちの面倒をみてくれたからでもあった。

祐子さんにとって消防隊に勤務したばかりの数年間は疾風怒濤の時代であり、ご本人も努力の限りを尽くしたが、家族の深い愛情と協力の賜物であったことを祐子さんは忘れてはいない。祐子さんは、さらに基地内の幼稚園児に教えるために、聞き取りの訓練のつもりで午後4時から6時までの間、ボランティアとして放課後クラブにも通った。

在日米海軍基地という米国社会と米語、そして消防の世界にどっぷりと漬かって仕事をすることは大変なことではあったが、持ち前の負けん気と勤勉さ、「努力すれば人は変われる」との信念から、無理に無理を重ねて全力疾走をしてきた祐子さんであった。

学んだのは英語だけではなかった。放課後クラブでのボランティアを希望した祐子さんに、応対した幼稚園長からは、「それでは、お医者さんの診断書と肺のレントゲン写真を持ってきて」と言われ驚いた。「ボランティアなのに、なんで診断書やレントゲン写真が要るの」と最初は思ったものの、よく考えれば子供を受け持つには当たり前のことだと理解できるようになった。そのような体験も大きな学びであったという。

部下職員の行状と消防長等のバックアップ

長谷川祐子さんはじつは、自ら進んで予防課長の重責を担おうと考えていたわけではなかった。だが、祐子さんの実力と人柄を見抜いたマーシャル次長の説得と支援が、祐子さんに予防課長就任を決心させた。管理職には大きな責任と権限があり、それは度胸と覚悟なしにはできないポストであった。

祐子さんは、たくさんの上司に仕えたが、なかには忘れがたい消防長等も多い。子供たちへの火災安全教育の指導方法を教えてくれたChief Marshall（マーシャル消防長）。管理職としての目指すべき道や在り方を示してくれたChief Jones（ジョーンズ消防長）、消防隊員や予防検査官等の認証制度を教えてくれたChief Tarver（ターバー消防長）とChief Sorensen（ソレンセン消防長）。それから、部下職員による訴訟問題で味方になって守ってくれたのがChief Salced（サルシード予防課管理官）であった。

予防課長となった祐子さんの部下職員に、一人のフィリピン人男性がいた。彼は仕事をさぼって毎日違う部隊の友だちのところに出かけていたが、やがて、その彼の職務放棄の連絡が直属上司である祐子さんの元に届いた。祐子さんは、普段から危機管理を教えたり、危機対応に対する知識もあったものの、自分がいざ当事者になると軽いパニックになった。その時、サルシード管理官から「しっかり対処しなさい」と指示され、人事部に報告書の提出を求められたことから、気が進まないまま、その部下の行状を書いて提出した。その結果、彼には3日間の停職処分が下されたが、そのままでは終わらなかった。

それから1週間後、停職処分を受けた部下から祐子さんは逆に提訴された。「上司である長谷川予防課長は、フィリピン人であることを理由に人種差別をしている」と人事部に祐子さんを訴えたのだ。

祐子さんは、日常的に職場放棄する彼の行状を人事部に報告したまでで、人種差別の意図は微塵もないことを人事部にしっかりと伝えた。当然、サルシード管理官の立ち合いで話し合いが行われたが、その部下の言い訳は巧みで悪意に満ちていた。「差別」というのは軍隊では表向きは厳禁であり、それを熟知しているフィリピン人の部下は巧みに、「職場放棄の事実はなく人種差別に基づく報告だ」と主張し続けた。特に訴訟への準備も知識もなかった祐子さんは本当に追い詰められたが、サルシード管理官が彼の職務放棄の事実を徹底的に調査してくれた。その結果、「人種差別」の事実はなく、その男性の悪質な行状がさらけ出され大逆転の結果となった。

祐子さんはこの一件があってから、部下職員に関する書類を提出する時にはしっかりと事実調査と準備をしたうえで慎重に行うようになった。彼女にとっては大きな教訓を得た事例であった。やがて、祐子さん自身も日米消防交流のキーパーソンとなり、その豊かなキャリアとともに大き

国連大学時代

な力を発揮した。歴代の消防長にとって、明るくサービス精神旺盛で行動力抜群、しかも日本の消防・防災関係者との幅広いネットワークを作り上げた長谷川祐子予防課長は、実に頼もしい「片腕」であったことだろう。

ＮＦＰＡの検定試験と米国の友人

米国の消防には、ＮＦＰＡ（全米防火協会）を抜きには語れない多様な検定制度がある。ＮＦＰＡの火災予防規則書は優れた教材で、その内容は3年に1回の割合で最新情報を取り入れた改訂版が発行され、ルールブックとして米国以外の多くの国でも活用されている。ＮＦＰＡの実施する検定試験に合格し、認証を受けることで消防職員としての昇進や昇格、専門職に就くことができる制度で、米海軍消防隊もその大きなシステムの中に組み込まれている。

その関係から、長谷川祐子さんは在職中、米国のテキサス州カレッジタウンにあるＡ＆Ｍ大学で実施された消防検査官2課程（Inspector2）の試験を受けるために現地に2週間滞在し検定試験に合格して帰国した。この試験に合格してお墨付きをもらわないことには、管理職である予防課長の役職に就くこともできない。

この大学で一緒に学び試験を受けたのはみんなでっぷりと太った年配の消防職員ばかりであった。「何故こんなおじさんがいまさら検定試験を受けるのか」と思っていたら、なんと消防署のベテラン達でも副署長や署長になるには、消防検査官2課程の資格取得が条件ということであった。彼らは、「俺、勉強は大の苦手なんだ」と言いながらも頑張っていた。検定試験は、プレゼンテーション（発表）ができないと合格は難しい。祐子さんは、試験官から「英語はまあまあだが、プレゼンテーションは上手だ」とお褒めの言葉を頂いた。わずか2週間の短期滞在ではあったが、同期のみんなとは一緒に牡蠣《かき》を食べに行ったり勉強して励まし合った。祐子さんは、素晴らしく充実した日々を過ごすことができたという。

　話は変わるが、祐子さんの米国の友人には消防団員もいる。米国の防災会議に参加した時、地元消防団の訓練部長だったジョンが展示説明にきてくれた。彼は消防団員であることについて、「普通の人ができない仕事で、人の生命と財産を守る消防団員になれたんだよ。お金の問題じゃない」と語った。彼は生計を立てるために週に4日間だけ警察官として勤務していた。祐子さんは、地域社会のために誠心誠意奉仕するジョンの真っすぐな心と心意気、志の強さに感銘を受けたという。

ファイヤーインスペクター（消防検査官）の仲間と

日米消防交流の架け橋となった長谷川祐子予防課長

長谷川さんは、基地内の活動だけで満足する人ではなかった。彼女は、１９９５年（平成７年）１月の阪神・淡路大震災の発生以降、日米消防の情報交換や交流の必要性を痛感した。そこで、日米の相互理解を深めるために横須賀基地の消防署をオープンにして日本人向けのスタディ・ツアー（視察研修会）を企画した。このツアーは、米国の消防文化や安全教育の手法を紹介するだけではなく、できるだけ楽しめるようにとランチ付きの見学会とした。

祐子さんは基地内の様々な部署にお願いし、また海軍広報部の理解と協力のもとに、参加者がハロウィンやフレンドシップディナー等を楽しんだり、時には艦船ツアーも楽しむことができる企画まで実現させた。

特に日ごろ体験乗船する機会のない米海軍の艦船ツアーは大好評であった。祐子さんは「どうすればより楽しく米国の消防や安全教育を学べるか、あるいは米国人の考え方や文化を理解できるか」を考えて見学会を企画し、できるだけ多くの人々が参加できるようにベストを尽くした。

じつは筆者も、祐子さんの企画した見学会の恩恵に浴した参加者の一人であった。祐子さんが始めた基地の消防見学会は、日米の消防交流を促進しただけではなく、在日米海軍基地への理解と認識を深めることにもなった。

　また、消防長も高価な教育用トレーラーハウスを買ってくれたので、参加した日本人は米国流の防災安全教育の展示車両や資機材を十分に堪能し、子供の興味を引き付けながら進める米国の防災教育の手法に感心したものであった。基地内の消防隊員も、最初のうちは見学会に対して理解不足であったが、そのうち大勢の来訪者を迎える活動に興味を持つようになり、それからは積極的に手伝ってくれるようになった。

　祐子さんの活動が、日本国内に知れ渡るようになると「ぜひ米国消防のことや米国流の命を守る教育手法を教えてほしい」というリクエストも舞い込むようになった。

　祐子さんはできるかぎりそのリクエストに応えて各地の消防本部や消防学校、消防団、危険物関係団体、防災組織、学校や幼稚園など、それこそあらゆるところで講演や講習会を開催し、米国流の防災安全教育の考え方や技術を伝え続けてきた。

　じつは筆者が東京消防庁渋谷消防署の予防課長を務めた当時、祐子さんのご支援とご協力で防火キャンペーンを盛り上げて頂いたことがあり、その抜群の企画や行動力、サービス精神に感銘を受けたものだった。

「ヨコスカの祐子さん」にしかできなかったこと

　長谷川祐子さんが定年退職となった２０１３年（平成25年）6月、海外米軍退役軍人の会から特別表彰を授与された。

在日米海軍に勤務する女性管理職としては初めての受賞であった。また、それまでの在職中に、日本の各消防機関からも数多くの感謝状を授与されている。

祐子さんが阪神・淡路大震災が発生した１９９５年から定年退職する前年の２０１２年までの17年間、率先して日米消防の交流プロジェクトを企画し、リーダーシップを発揮し続けたことは前述のとおりである。祐子さんの活動が在日米海軍のイメージアップに大きく貢献したことは言うまでもない。

彼女はかつて消防長の秘書役も務めたことがあったが、消防長への配慮も忘れてはいなかった。横須賀基地の消防長が就任、あるいは離任するたびに関係する日本の消防機関に話をつなぎ表敬訪問などを調整するのも祐子さんの重要な役割であった。横須賀基地に赴任した消防長が祐子さんのサポートや助言によって日本の消防・防災関係者と良好な関係が維持できたことは言うまでもない。

祐子さんは在日米海軍消防隊の幹部職員として日本の消防人や防災業界に大きなネットワークを構築したが、それは祐子さんの持つ強烈なサービス精神、そして在日米海軍消防隊予防課の唯一の日本人女性幹部としての矜持と誠実な性格によるものだろう。祐子さんをよく知る日本の消防幹部は親しみを込めて「ヨコスカの祐子さん」と呼ぶ。彼女はいつ

日米友好祭のイベント

の間にか、在日米海軍消防隊の名物予防課長となったのだ。

「アメリカの消防のことで分からないことは祐子さんに聞いてみよう」というふうに、消防・防災関係者からの質問や電話も多かった。このように、祐子さんが日米消防交流の架け橋として尽力したことは広く知られているが、彼女自身は多くの日本の消防関係者とのご縁が大きな力になったことに感謝の言葉を述べている。

祐子さんはお世話になった方々のお名前を挙げていたが誌面の都合でお一人だけの紹介に留めたい。お世話になった中でも特に尊敬しているお一人が日本消防協会の秋本敏文会長だという。消防に関しての深い造詣と、多くの人々を巻き込んで大きな仕事を成し遂げている秋本会長と一緒に仕事ができたことは、自分にとっても大きな学びであり、本当に幸運であったと御礼を述べている。

親子で設立したRISK WATCHとは

長谷川祐子さんが２０１３年（平成25年）、定年退職の年に個人の立場で始めたRISK WATCHの活動であったが、講演などのリクエストも多く、５年後の２０１８年からはこの活動を一般社団法人としての活動へと切り替えた。RISK WATCHは「危機監視」という意味で、理事長は祐子さん自身で、副理事長は長女の奥田悦子さんであった。祐子さんは、消防の仕事が自分の人生に大きな影響を与え、しかも今も伝え続けられる宝物を見つけたことを喜びに感じている。

しかも長女の悦子さんが仕事上の良きパートナーとしてRISK WATCHを共に設立し、二人三脚で活動を続けている。

じつは「RISK WATCH」は、米国のボストンに本拠を置くNPO法人のNFPAが発行しているプログラムであり、長谷川祐子さんと奥田悦子さんは、それに加えて古くから米国で教えられている火災予防プログラムやFEMA（米国連邦危機事態管理庁）で発表している災害プログラム、さらにベビーシッタープログラムや誘拐などの犯罪から逃れるためのプログラムなど、講演や講習のリクエストに応じて広範な内容を伝えている。

RISK WATCHの活動は、未来の大人である子供たちに「生き抜く力を育てる」ことであり、火災や他の災害や事故から子供たちが自ら「危機」を把握して身を守るための実践的な教育手法を伝えることである。祐子さんは、未来の大人である子供たちについて、より一層国際的な仕事に従事し活動すると考え、「国際人に必要なことは危機を監視することができ、その危機を避ける能力を持つこと」が必要だという。このような能力は、大人になって急に身につくものではなく、子供の時分から教育する必要性を痛感している。

かつて、米国の「子供を赤ちゃん扱いしない、子供自身の能力を積極的に引き出す教育」に触れて新鮮な驚きを感じた祐子さんは、その教育指針を大切にしている。米国の子供たちのように、日本の子供たちも逞《たくま》しく冷静な大人になって世界中の人々と明るい未来を切り開いて欲しい、その準備学習が子供向けプログラムなのだという。

RISK WATCHで指導していること

子供たちに対する米国消防の安全教育プログラムは全て実践的である。火災の時には「自分で自分の身を守ろう」と着衣着火の消火法を実演付きで教える定番メニューがある。もし、火が自分の体に燃え移ったら、①ストップ（止まって）、②ドロップ（倒れて）、③ロール（転げる）ことによって洋服についた火を窒息消火させるというものだ。

この「ストップ、ドロップ、ロール」は米国で育った人なら、体に刷り込まれている自己消火法である。

また、火災になった家からの避難は「グレートエスケープ（大脱走）」と呼んで、実践的な知識と技術を使いながらサバイバルの方法を伝えている。①寝室のドアは必ず閉めて寝る。②煙感知器の音が聞こえたら

米軍の保育園で「ストップ、ドロップ、ロール」

「ドアが熱いかどうかは手の甲で……」

身を低くしてドアの前に行く。③ドアを手の平ではなく甲で触る。もし、ドアが熱ければそのドアは使わずに他の逃げ口（ドアや窓）へ。無い時には籠城する。④避難したら家族との待ち合わせ場所に向かう。⑤避難した場所に留まり決して家へは戻らない。以上のサバイバル法を、子供たちが楽しみながら学べるように、ＮＦＰＡの公式マスコット犬のキャラクター（スパーキー）に扮した消防署員が指導している。

火災以外にも、ＦＥＭＡが開発したデザスター・アクション・キッズ（災害時に活動できる子供になろう）のプログラムを紹介している。また、ＮＦＰＡが開発した「RISK WATCH」は、就学前の幼児から中学2年生（14歳）までの児童生徒を対象にした災害と不慮の事故を防止するプログラム構成となっている。容易に避けられたはずの事故が原因で、子供が死傷することのないように、子供と家族が個人レベルで安全についての正しい判断や行動の選択肢を学ぶものである。その他にも子供を犯罪から守るための実践的な方法がプログラム化されているのが、いかにも米国らしい内容だ。

消防官へのメッセージとこれからの抱負

長谷川祐子さんは、日本の消防官には未来を担う子供たちに「自分の命は自分で守る、守れる」ように実践的な安全教育を続けて欲しいと願っている。祐子さんは、米国消防の「子供が自分の命は自分で守る教育プログラム」に出会えたことが大きな転機になったという。日本という島国育ちの子供たちに、この教えを伝えて、危機に対処できる力を身に付けてほしいのだ。

祐子さん自身は、今後の目標として、RISK WATCHの2冊目の本を出版したいという。1冊目の小冊子「生き抜く力を育てる・長谷川祐子のリスクウォッチ」（当時の財団法人日本防火協会発行）を出版したのは10年余り前で、その本は小冊子ながらも消防大学校でもテキストとして採用されており、祐子さんの、危機監視教育がこの一冊に凝縮されたような濃い内容になっている。そこから10年余りの間に、自分の中で確立したものなどを追加しバージョンアップした内容で皆さんに伝えたいという。

新たなRISK WATCHの旅立ち

RISK WATCHでは、防災安全教育の他に、スケッドストレッチャーという欧米の軍隊救助チームで使用されている救助用具の販売事業も行っている。長谷川祐子さんが横須賀基地消防隊に在職中に知り合った会社社長夫妻のバッドさんとキャサリンさん、日本の輸入業者である林さん達から商品販売のノウハウを教えて頂いた。

祐子さんは、米国での防災教育にも変化が感じられるという。現在では行動学、心理学、脳科学などの幅広い知見が取り入れられ、より深みを増した内容になっている。

また、防災安全教育の対象も、より鮮明に区分けされてきている。さらには投入される知識や技術はよりプロフェショナルなレベルの人々（医師や消防職員、研究者）が関与している。組み合わせ方が非常に考えられ洗練されており、特にＦＥＭＡやＮＦＰＡ、米国消防庁の発信する情報はレベルも高く興味深い内容が満載だという。

ここで再び一般社団法人「ＲＩＳＫ ＷＡＴＣＨ」の活動に話を戻そう。祐子さんは前述のように、２０２３年（令和５年）１月１日付で長女の奥田悦子さんに理事長の座を譲った。祐子さんは、自分たちの活動は「次世代に知恵と勇気を受け渡すこと」だという。祐子さんは全力疾走で駆け抜けてきたが、気が付けば古希を過ぎた。家庭の主婦であり３人の子供の母親でありながらも、与えられた職務を全うできたのは、ご主人の支えや２人の妹の面倒を見てきた長女のお陰でもあったと感じている。その頼りがいのある長女の奥田悦子さんが今後はＲＩＳＫ ＷＡＴＣＨの牽引役として活躍してくれることだろう。これまで悦子さんは母親の祐子さんと二人三脚で講義や実技指導などを担当してきたが、悦子さんはその都度に祐子さんの知識や知恵を取り入れながら自分ができる形で活動を進化させてきた。

一般社団法人 RISK WATCH の
奥田悦子新理事長

新理事長となった悦子さんの活躍に大いに期待したい。祐子さん自身は、年齢を重ねても優れた危機管理プログラムに出会えた時の高揚感は何物にも代えがたいという。

長谷川祐子さんと奥田悦子さんの「親子鷹」コンビは、これからも日本の子供たちの未来のために、「自分の命は自分で守る」ことの大切さとノウハウを伝え続けていくことだろう。

生きぬくためのリスクウォッチ

緊急時ベイビーレスキューボード

RISK WATCH の展示会場で
（緊急時ベイビーレスキューボード）

長谷川祐子氏の連絡先は次のとおりです。

〒231－0011　神奈川県横浜市中区太田町3－39－1－203
一般社団法人 RISK WATCH
理事長　奥田悦子
顧問　長谷川祐子
長谷川祐子HP：https://www.risk-watch.net
（一社）RISK WATCH：https://www.risk-watch.or.jp

第十話

伝説の消防官僚と消防法の変遷――次《じ》郎《ろう》丸《まる》誠《のぶ》男《お》さん。

次郎丸誠男さん

自治体消防とともに歩んだ半生

どの世界にも伝説上の人物がいる。地域を預かる消防の現場にも、あるいは、日本の消防行政の中枢にもそのような人々が存在している。

第十話で登場する次郎丸誠男さんは、その後者に属する。１９６４年（昭和39年）、自治省消防庁（当時、現在の総務省消防庁）入庁以来、相次ぐ歴史的な大惨事等の洗礼を受けながらも、昭和40年代以降、自治体消防の礎《いしずえ》を築き今日の消防行政、火災予防法制を牽引してきた消防人である。

まずは、次郎丸さんの消防人生をダイジェストで紹介してから本題に入りたい。

次郎丸さんは、大分県の出身で、昭和39年４月、武蔵工業大学（現・東京都市大学）を卒業後、国家公務員上級職として当時の自治省消防庁に採用された。入庁以来、予防救急課設備専門官、危険物規制課長、予防課長、審議官、消防研究所長等の要職を歴任した。その間、消防防災技術部門の中核として、消防用設備等の遡及適用、適マーク制度の創設、危険物関係法令の大改正、住宅防火対策の推進など、予防行政の充実発展と国民生活の防火安全性の向上、関係業界の指導育成に尽力した。また、１９９８年（平成10年）３月、消防庁退官後は㈶日本防炎協会理事長、危険物保安技術協会理事長等を務め、傘寿（80歳）を超えた現在も消防・防災の分野で後進の指導育成にあたっている人物である。

昭和30年代は、「もはや戦後ではない」という言葉が経済白書（昭和31年度）を飾るなど、目覚ましい経済成長の時期であった。次郎丸さんは昭和39年、東京オリンピックの年に消防人となった。右肩上がりの経済復興と調子を合わせるように、歴史的な幾多の大火災、大災害が発生した。次郎丸さんたちは、困難な状況下で何をどのように対処し、解決策を見出して消防の道を切り開いてきたのだろうか。第十話では次郎丸さんの消防人生の歩みを振り返りながら、その時代の世相や災害、消防法の変遷などを紹介する。

次郎丸さんの生い立ちと時代の風

次郎丸さんは、１９３７年（昭和12年）に大分県の豊後高田市で5人兄弟の長男として誕生した。昭和12年といえば、７月に日中戦争の発端となった盧溝橋事件が発生した年である。次郎丸さんの父親は、大工だったが当時の国鉄小倉工場に勤務し定年まで勤め上げた。仕事一筋の人で、お酒は一滴も飲めなかったという。

その当時、工場と官舎は近かったが父親は朝早くに出かけ帰宅は遅かった。まさに働き詰めの毎日であった。母親は、畑仕事をしながら５人の子どもを育てた。次郎丸さん以下、子ども全員を大学に入れたというから、並大抵のご苦労ではなかったことだろう。

次郎丸さんは働き詰めのご両親から「勤労の精神」をしっかりと受け継いだようだ。誰もが貧しい時代に、次郎丸さんのご両親は子どもたちのために必死に働くご夫婦だったのだろう。

次郎丸さんは小・中学校時代は小倉で暮らしたが、高校に入る前に母親とほかの子どもたちとともに豊後高田に引き上げた。母親は農業で子どもを育てるため豊後高田市に移り住み、父親は単身で小倉の工場勤務を続け、家族だけを豊後高田に帰したのであった。

次郎丸さんは、地元の高田高校に進んだ。中学校卒業の頃から、健康診断でレントゲン撮影をすると肺に影があり、軽度の結核の症状があった。そのため、高校では激しい運動や友だちづきあいを避けていた。診断と投薬だけで入院するほどの症状ではなかったが、この病状のため１年間は大学受験も断念していたという。しかし、やがて大学進学のために上京した。彼は東京都世田谷区にある武蔵工業大学（現・東京都市大学）の電気工学科に進学した。

この時代は、多くの子どもたちは家庭が貧しく、中学卒業後には社会に出て働くのが当たり前の時代であった。

ちなみに１９５５年（昭和30年）の統計を見ると大学進学率は７・９パーセント、10人に１人も進学できない時代だった。その当時、中卒の集団就職組は「金の卵」と呼ばれていた。

次郎丸さんは父親と同じく酒もたばこも飲まず、結核の症状が続いていたので友人も作らなかった。東京では、大田区内に住んでいた叔母（母の妹）の家に下宿し、世田谷区尾山台のキャンパスに通った。大学では病気のこともあり友だちづきあいはほとんどなかった。大学卒業に際しては、「国家公務員なら安定している」と考え、国家公務員試験（上級職）を受けて見事合格した。母が特に、その合格を喜んでくれた。ご両親のご苦労は筆舌に尽くしがたいものであっただろうが、そのお陰で次郎丸さんは、消防官僚の花道を上り詰めることができたのではないだろうか。

自治体消防の誕生と戦後の揺籃期

ここで次郎丸さんが自治省消防庁に入庁されるまでの、自治体消防の揺籃期（昭和20年～30年代）における消防関係法令の変遷などをざっと眺めてみたい。

１９４７年（昭和22年）12月23日に消防組織法が制定され、昭和23年3月7日に施行された。自治体消防制度の誕生である。この時期の日本はＧＨＱ（連合国軍最高司令官総司令部）の間接統治の時代であった。消防の行政運営にもＧＨＱの意向が大きく働いていたことは言うまでもない。

次郎丸さんの経歴・主な災害と消防法の変遷等の年表①（昭和39年～昭和49年）

年　月	経歴　主な災害と消防法の変遷など
昭和39年（1964年）４月	自治省消防庁採用　予防課勤務
６月	11日　昭和電工川崎工場爆発火災 （川崎市）
	16日　新潟地震（M7.5）
７月	14日　勝島倉庫爆発火災（東京都品川区）
10月	東京オリンピック開催
昭和40年（1965年）５月	消防用設備等に係わる工事、設備の適正を確保する為に消防設備士制度を創設 【消防法の一部改正】
昭和41年（1966年）３月	11日　水上温泉・菊富士ホテル火災 （群馬県水上町） ㈳全国消防機器協会の設立
昭和43年（1968年）６月	高層建築物及び地下街等の防火管理並びに共同防火管理制度の創設 【消防法の一部改正】
11月	２日　有馬温泉・旅館池之坊満月城火災 （神戸市）
昭和44年（1969年）２月	５日　磐梯熱海温泉・磐光ホテル火災 （福島県郡山市）
３月	消防用設備等の設置維持義務の強化 （煙感知器の導入・自動火災報知設備等の遡及適用） 【消防法施行令の一部改正】
昭和45年（1970年）６月	29日　秋山会両毛病院火災 （栃木県佐野市）
昭和46年（1971年）４月	消防庁予防課設備係長
昭和47年（1972年）５月	13日　千日デパート火災（大阪府大阪市）
６月	防炎物品を販売する際の表示を義務化 【消防法の一部改正】
11月	６日　北陸トンネル内列車事故（福井県敦賀市）
12月	消防用設備等の設置基準強化（複合用途防火対象物） 【消防法施行令の一部改正】
昭和48年（1973年）３月	８日　済生会八幡病院火災（北九州市）
７月	消防庁安全救急課設備係長兼規格係長
11月	29日　大洋デパート火災（熊本市）
昭和49年（1974年）６月	消防用設備等の設置維持義務の強化 （特定防火対象物における遡及適用、点検報告制度、地下街の規制強化など） 【消防法の一部改正】 消防設備士の講習制度を新設 【消防法の一部改正】

間接統治は1951年（昭和26年）まで続いた。一方、消防法は昭和23年7月24日に制定され、同年8月1日から施行となった。

昭和25年には消防法の一部改正（昭和25年5月17日施行）により、①消防同意の基準、②火災調査の質問権、③危険物の数量の法制化などが図られた。次郎丸さんが消防庁に入庁した1964年（昭和39年）当時、すでに消防同意制度が存在していたのである。

昭和33年2月1日㈯には、東京宝塚劇場火災（死者3人、負傷者25人）が発生した。

昭和34年には消防法の一部改正（昭和34年9月30日施行他）により、それまで市町村条例で定められていた危険物行政が法制化された。その流れで、危険物の規制に関する政令（昭和34年9月30日施行）が制定され、危険物規則に関する実施規定が各市町村条例から移行することとなった。

昭和35年にも消防法の一部改正（昭和36年4月1日施行）があり、①防火管理制度が発足し、②危険物の取扱いの技術上の基準を市町村条例で定めることとされ、③消防用設備等の設置基準が政令に委任されることとなった（この法改正は、東京宝塚劇場火災が契機となった）。

1963年（昭和38年）には消防法の一部改正（昭和38年4月15日一部施行他）により、①映画の上映に関する規制の合理化、②日本消防検定協会の設立（消防用機械器具等の義務検定化、昭和38年10月1日施行）、③火災調査体制の整備、④救急業務の法制化などが図られている。

新潟地震と勝島倉庫爆発火災での被害調査

次郎丸さんは、東京オリンピックが開催された1964年（昭和39年）4月、自治省消防庁採用となった。最初の勤務は予防課の設備係員であった。消防庁に入庁したのは、上級職合格後に同庁関係者から強い誘いがあったからだ。次郎丸さんは、大学で学んだ理工系の知識技術が生かせるものと考えて消防庁技官となった。子供心にも、父親が国鉄職員だったこともあり、安定している職場として公務員になることを第一に考えていた。消防庁の仕事に対して確固たるイメージがあって入ったわけではなかったようだ。

次郎丸さんが入庁した昭和39年は日本の消防史に残る大災害の年でもあった。6月16日㈫、マグニチュード7・5の新潟地震が発生し、入庁間もない次郎丸さんも直ちに新潟市に派遣された。

新潟地震とは

昭和39年6月16日㈫、新潟と山形の県境沖合の粟島付近を震源とする新潟地震（マグニチュード7・5、死者26人、負傷者431人）が発生した。その被害は、新潟、山形、秋田の日本海沿岸域を中心に9県に及んだ。この地震により新潟市内では液状化現象が発生した。

また、昭和石油㈱新潟製油所の原油タンク１基から出火し、他の４基にも延焼拡大し自然鎮火するまで、３６０時間にわたって燃え続けた。

新潟の被災地に派遣された新米技官の次郎丸さんは、住宅や建物の損壊状況を見てまわった。全壊、半壊、一部損壊の３段階評価だったが、次郎丸さんにはその区分けが難しかった。建物の被害状況調査は単独行動であり、新米技官だろうと「判らない」とはいえない。それが非常につらかったようだ。次郎丸さんは、被災地の新潟に１か月ほど滞在し、その間、被災者の苦しみを目撃し、全てを台無しにする大地震の破壊力に言葉を失った。米どころの新潟でありながら、被災直後には食べ物にも事欠き、人々は炊き出しに頼る日々であり、被災した方々の苦しみを見るにつけ心は重くなった。

新潟地震に次いで、７月14日㈫には東京消防庁管内の株式会社寳《たから》組勝島倉庫で、危険物による爆発火災が発生した。消防職員18人、消防団員１人、計19人が殉職するという、日本の消防史に残る災禍となった。

次郎丸さんは殉職事故の翌朝７月15日に、その勝島倉庫の爆発現場に立っていた。入庁して半年も経たない次郎丸さんに十分な知識があるわけではなく、建物施設の損害調査等は、上司先輩の指導を仰ぎながら懸命に処理した。

次郎丸さんは消防職団員が殉職したばかりの爆発現場に臨み、危険物災害の余りの凄まじさに言葉を失った。

殉職した消防職員や団員にも家族があり人生がある。

その彼らのいのちが一瞬の爆発事故により失われてしまった衝撃と悲惨さがそこにはあった。「消防の仕事は命がけの大変な仕事だ。絶対にそのいのちを守らなければならない。こんな危険な状態を放置してはならない、二度とこのような爆発事故を起こしてはいけない」。次郎丸さんは、心の中で自分自身に強く言い聞かせていた。

寶組《たからぐみ》勝島倉庫爆発火災

昭和39年7月14日㈫、東京都品川区の㈱寶組勝島倉庫で危険物の爆発火災が発生し、消防活動中の消防職団員19人が殉職、負傷者114人が発生する大惨事となった。

倉庫付近の空き地に無許可貯蔵されていた硝化綿が自然発火により小爆発し、隣接倉庫内のアセトン、アルコール等の危険物に次々と引火爆発した。

入庁間もない次郎丸さんは、立て続けに新潟地震と危険物の爆発火災の惨状を体験した。

過酷な体験は、消防人としての成長の研磨剤になることもある。この2つの大災害の洗礼を受けて、消防人としての覚悟と土台が築かれたのかもしれない。この年の10月には東京オリンピックが開催されたが、次郎丸さんたちにとってはオリンピックどころの騒ぎではなかった。実は彼が入庁した昭和39年以降も、毎年のように大災害や事故が立て続けに発生した。災害後の調査や法令改正などの下準備に日夜追われているうちに、気がつけば結核の症状が、いつの間にか軽快していた。次郎丸さんは、消防が現場で苦労している姿を見てきたことで、何がなんでも現場の声を代弁しようと思った。消防の大変さを感じつつも、消防の仕事に張り合いを感じ始めたのもこの頃からであった。次郎丸さんは、災害現場の過酷な現実の姿を一般の人々に知ってもらうためにマスコミ関係者を大切にしたという。

消防は国民の安全を守るため、命がけで活動している。その過酷さや使命感を国民に知ってもらいたい。現場の消防が懸命に活動をしても、それを国民に知ってもらわなければ意味がない。一般の人々に伝えるのはマスコミであり、何よりも新聞記者などマスコミ関係者に十分に理解してもらい、確実に報道してもらいたいと思った。

昭和40年以降の法令改正などを担当

次郎丸さんが入庁した当時は、予防課だけで危険物規制課はなかったので、次郎丸さんは予防課の一員として設備、特殊災害、危険物の3係を兼任していた。当時の消防庁では恒常的な人手不足から、新米の技官でも1人3役くらいは当たり前の状態であった。

新潟地震での製油所火災と東京の勝島倉庫爆発火災は、危険物の規制を強化する昭和40年5月の消防法と消防組織法の一部改正につながった。

次郎丸さんが入庁した翌年、昭和40年に消防法の一部改正（昭和40年5月14日施行他）

が行われた。主な内容だけを挙げると、①危険物規制の合理化、市町村長は使用停止命令を発することができること、②危険物取扱主任者の業務の明確化、③市町村長の危険物取扱所等の立入検査の拡大、収去権、④消防設備士制度の制度化、⑤消防庁長官は火災原因調査ができることとなった。

昭和40年には、危険物の規制に関する規則の一部改正（昭和40年10月1日一部施行）も行われている。次郎丸さんもこの規則改正の法案作りで忙殺された。この時には、昭和39年に発生した危険物施設関係の災害事例を踏まえ、政省令制定以来の大改正が行われ、危険物製造所に関する具体的な取扱いに関する保安基準、規制等が強化された。

当時の予防課の係員はいわば「何でも屋」のようなものだった。次郎丸さんは、かつて国鉄小倉工場に勤務していた父親同様に、朝早くに出勤し帰宅は深夜早朝におよぶことが日常化していた。それほど災害は続き、仕事に追われっぱなしの日々であった。そのような中で次郎丸さんは、消防用設備等と危険物規制に全面的に関わった。

それなりの苦労もあったが、次郎丸さんはそのような得難い機会があったことを心から感謝しているという。１９６５年（昭和40年）５月、消防法の一部が改正され、消防用設備等に係わる工事、設備の適正を確保するため消防設備士制度が創設された。

その翌年、１９６６年（昭和41年）には、群馬県の水上温泉菊富士ホテルで、死者30人を出す火災が発生し、その杜撰《ずさん》な防火管理が問題となった。

水上温泉・菊富士ホテル火災

昭和41年３月11日㈮、群馬県水上町にある水上温泉菊富士ホテル火災（死者30人、負傷者28人）が発生した。この火災では可燃性の内装材が延焼を速めたといわれている。

昭和41年には、消防法施行規則の一部改正（昭和41年４月22日施行他）が行われた。消防設備士制度が昭和41年10月１日から施行されたことにより、消防設備士の工事または整備の範囲、消防設備士免状に関する事項が定められた。

昭和43年の消防法改正による防炎性能の義務化など

１９６８年（昭和43年）３月13日㈬には、東京都千代田区の有楽町ビルで火災（死者３人、負傷者５人）が発生した。この火災が共同防火管理制度創設の契機となった。

１９６８年（昭和43年）６月には、消防法及び消防組織法の一部改正（昭和43年６月10日施行他）により、①予防査察体制の強化、②高層建築物及び地下街等の防火管理の強化、③共同防火管理制度の創設、⑤防炎性能の義務化などが図られた。

昭和43年6月の消防法の一部改正では、消防法第8条の3で、高層建築物、地下街、劇場、キャバレー、旅館、病院等で使用する緞帳、カーテン、展示用合板等の防炎規制が定められ、続いて44年3月の政省令の改正整備で、防炎の法体系が整備された。

建築基準法（以下「建基法」という。）では内装制限は遡及しない。仮に古いホテルや旅館にも内装制限が遡及していれば、大惨事は防げたのではないか。それが大きな要因に思えたが、建基法に限らず「法律不遡及の原則」の壁は非常に厚かった。その当時は今以上に「既存遡及は関係者の負担が大き過ぎて現実的ではない」という考え方が支配的であった。だが、火災により大勢の人が死亡し負傷しているのも事実である。その重たい現実を前に次郎丸さんは、消防法等の抜本的な改正の必要性を感じていた。しかし、関係省庁協議ではそれぞれの立場や事情があり意見交換するだけで手一杯であった。そのような背景から、次郎丸さんは消防同意事務は絶対に手抜きをしてはならない、と強く感じた。

せっかくの権限である消防同意制度を生かすことが、建築物の防火安全性と国民の信頼を高め、消防の意志を反映させる手段と考えたからに他ならない。

昭和43年11月には、兵庫県、有馬温泉の旅館池之坊満月城で、昭和44年2月には福島県、磐梯熱海温泉の磐光ホテルで火災が発生、いずれも多くの犠牲者を出した。

次郎丸さんは、池之坊満月城と磐光ホテル両方の火災現場に調査に出向いた。いずれも

30人もの死者を出す大惨事となった火災である。その際、特にホテルの内装制限が気になった。いずれのホテル火災でも可燃材料の内装材が延焼を速めたものであり、この火災の当時、もう一方の柱である防災規制は市町村条例によるものであった。

有馬温泉・旅館池之坊満月城火災

昭和43年11月2日(土)、兵庫県神戸市の有馬温泉・池之坊満月城火災（死者30人、負傷者44人）が発生した。内装材が可燃材料であり火の回りが速く、自動火災報知設備も全館に設置されていなかった。

下の写真は、神戸市の温泉寺にある池之坊満月城遭難者慰霊塔。

磐梯熱海温泉・磐光ホテル火災

翌年、昭和44年年2月5日(水)にも福島県郡山市にある磐梯熱海温泉・磐光ホテル火災（死者30人、負傷者41人）が発生した。可燃性の内装材が延焼速度を速め、化学繊維等の新素材が大量の有毒ガスを発生させた。

なお、昭和44年3月の政省令の改正整備で防災規制の法体系が整備された。同年5月には、財団法人日本防炎協会が設立されている。

前述の2つのホテル火災が契機となり、昭和44年3月には消防法施行令の一部改正（昭和44年4月1日施行）があり、旅館、ホテル、病院・診療所等の防火対象物に対しては消防用設備等の設置義務が強化された（煙感知器の導入・自動火災報知設備等の遡及適用）。それらの防火対象物に関して「昭和44年3月31日に現に存在する防火対象物又は新築、増築、改築、移転若しくは模様替えその他の工事中の防火対象物」について、自動火災報知設備が義務付けられた点は特筆すべきものであった。その施行は昭和46年4月1日とされた。この特定防火対象物に対する消防用設備等の設置義務はこの後、昭和47年5月の大阪・千日デパート火災、昭和48年11月の熊本・大洋デパート火災の惨事を教訓に、昭和49年6月のスプリンクラー設備を含めた消防用設備等の既存適用へとさらに強化されることになった。

旅館、ホテル等、一部の用途に対しては昭和44年の政令改正により自動火災報知設備等の遡及が始まったが、消防用設備等全般の遡及は、その後の千日デパート火災、大洋デパート火災までは日の目をみなかった。

その後、昭和45年6月29日㈪には、栃木県佐野市の秋山会両毛病院火災（死者17人、負傷者1人）が発生している。なお、この年には大阪万博が開催されている。次郎丸さんは昭和46年4月、消防庁予防課設備係長に就任した。

100人以上の死者を出した千日デパート火災の衝撃

昭和46年には、消防法の一部改正（昭和46年6月1日施行他）により、①防火管理者、共同防火管理に関すること、②危険物取扱者制度の整備（甲種、乙種、丙種）、立会い権限、③危険物の品名の整理統合等が図られた。昭和47年には政令の一部改正（昭和48年1月1日施行他）があり、①防炎規制の徹底、②ラック式倉庫、建築物の地下階に対する消防用設備等の設置義務化、昭和47年、消防法の一部改正（昭和47年6月23日施行他）により、防炎物品販売時の表示の義務化などが図られた。この年、日本の火災史に残る大惨事が発生した。

大阪市の千日デパートビル火災である。118人という日本の火災史上、最悪の犠牲者を出した現場に臨場し、次郎丸さんは、100人を超える犠牲者が出たことに強い衝撃を受けた。一体、これまでの消防行政や消防の立入検査や指導は十分であったのだろうか、多くの問題点と課題を突き付けられたような気がしたと、次郎丸さんはいう。

千日デパートビル火災

昭和47年5月13日㈯、大阪市南区の千日デパートで火災（死者118人、負傷者81人）が発生した。電気工事中の3階売場から出火し火災史上最悪の惨事となった。最上階の7階で営業中のキャバレー従業員や利用客が犠牲になったもので、同デパートの警備員は119番通報したがキャバレー「プレイタウン」には火災発生の連絡をしなかった。7階の窓は小さく、非常口は不備で、訓練や点検をしていなかったので救助袋の設定も、組織的な避難行動も行われなかった。共同防火管理や建物全体の通報連絡体制も不備であった。千日デパートは、寄合《よりあい》百貨店と呼ばれ、複数の小売店や専門店が出店する商業形態であった。

次郎丸さんは、この火災の翌日、現場調査に出張した。現場に到着した時には、遺体の収容前の騒然とした中で、手が回らないために救助袋に引っ掛かったままの遺体もあった。その救助袋のかなりの部分が屋外に展張されず、室内で引き出された状態であった。次郎丸さんは、救助袋に足を引っかけたままの男性の遺体に衝撃を受けたという。

遺体の主が「お前たち消防がしっかりしないから、オレはこんな目にあってしまった」と訴えているように感じられた。次郎丸さんは「消防は国民の命、安全を守るためにしっかりしないといけない」と自らに心の中で檄を飛ばしたという。

この火災は国会でも取り上げられ、マスコミや世論から「消防行政が後手後手《ごてごて》に回った」という厳しい批判が相次いだ。昭和47年12月1日には、政令の一部改正（昭和48年6月1日施行他）が行われた。これにより大阪、千日デパートビル火災の教訓が生かされ、消防用設備等の設置基準強化（複合用途防火対象物等）が図られた。遡及適用などが消防法に規定されたことから、「47年大改正」と呼ばれている。その改正のポイントは次のとおりであった。

特定防火対象物、複合用途防火対象物に対する防火管理体制の充実、スプリンクラー設備、自動火災報知設備その他の消防用設備等の強化、既存防火対象物に対する自動火災報知設備の設置基準が遡及適応された。

ハード面では ①自動火災報知設備が既存不適格の特定防火対象物に遡って設置義務化された、②全対象物の11階以上と一定規模以上の特定防火対象物にスプリンクラー設備が設置義務化された（スプリンクラー設備が既存遡及となったのは昭和49年6月の消防法改正による）。

ソフト面では ①防火管理者制度が拡充され、特定防火対象物の選任基準が収容人員50人以上から30人以上に強化された。また、防火管理者の資格に管理監督的な地位を要求、②共同防火管理制度が拡充され、特定防火対象物については地上5階以上から地上3階以上に範囲が強化された。また、共同防火管理協議事項の整備が図られた。③複合用途防火対象物が⒃項イ（特定用途）と⒃項ロ（非特定用途）に区分された。④デパート、ホテル、キャバレー等の避難訓練を1年に2回以上実施することが義務化された（規則改正）。

49年大改正の契機となった熊本・大洋デパート火災

昭和47年に続いて、翌年、１９７３年（昭和48年）11月29日㈭に、熊本市の大洋デパートで火災（死者１００人、負傷者１２４人）が発生した（警察の発表では、死者１０３人、負傷者１２１人となっている）。この火災現場にも、次郎丸さんは火災直後に駆け付けている。

次郎丸さんはこの頃から、「法令規制だけでは解決しない。建物の安全度を一般の方々にもわかるように表示公表する制度があってもいい」と考えるようになっていた。なぜなら、法令改正を意図しても各省庁協議で強く反対されると法令改正が実現しないこともあったからだ。「反対されたから法令改正をやめるでは済まない。それなら、利用者の命を守るためにどんな手立てがあるのかを考えてそれを制度化しよう」という内心の決意であった。

大洋デパート火災

熊本市の大洋デパート火災は昭和48年11月29日㈭、歳末商戦中の火災であった。耐火造地下１階地上９階建て延べ面積１万９、０００平方メートルのうち、３階以上の部分約１万３、０００平方メートルを焼損し、死者１００人、負傷者１２４人を出す惨事となった。営業中の火災でありながらデパート側から１１９番通報や火災発生の非常放送もなく、組織的な避難誘導はほとんど行われなかった。
店内の客は出口や階段に殺到したが、階段は商品の山、増改築及び改装工事中で消防用設備等は不備で屋外避難階段も取り外さていた。同デパートの防火管理者は、何の権限もない営繕課の一係員であった。

昭和49年6月1日、消防法の一部改正（昭和49年6月1日施行他）では、①特定防火対象物に対するスプリンクラー設備等の既存遡及適用範囲の拡大、②消防用設備等の維持管理の強化、③消防用設備等点検報告制度の創設、④消防設備士の業務及び消防設備士講習制度の創設が図られた。既存防火対象物でも、特定のものは現行基準に従って、消防用設備等を設置、維持しなければならないという「法の不遡及の原則」の例外的措置として、遡及適用が行われるようになったことは画期的なことであり、大洋デパート火災を契機としたこの改正は「49年大改正」と呼ばれている。

昭和49年6月の消防法改正のポイント

① 百貨店、旅館、病院等の特定防火対象物については、既存のものにも現行の基準に従ってスプリンクラー設備等の設置が義務付けられるとともに、消防用設備等の

維持管理が強化された。
②消防長または消防署長に、防火管理に係る措置命令権や、消防用設備等の設置維持命令権が付与された。
③消防用設備等の設置時検査制度の新設と、地下街における消防用設備等の設置強化。
④消防用設備等の定期点検報告制度の新設。

昭和47年、48年に立て続けに起きた死者１００人以上の建物火災は、既存防火対象物に対する遡及が議論の対象となった。「消防用設備等の遡及はコストが大きい、何もそこまでしなくとも」という意見も一方では根強かった。

また、消防側が各省庁協議の場で遡及適用の提案をしても、建設省（当時、現在の国土交通省）サイドから賛同を得ることは至難の業であった。結局、消防法は遡及適用となったが、建基法の遡及適用は実現しなかった。次郎丸さんは国民の側に立ち、国民の暮らしといのちを守るためには何をすべきかを常に考えるようになったという。

火災の惨事や大事故が続いた昭和40年代

次郎丸さんは昭和48年7月に消防庁安全救急課設備係長兼規格係長に就任した。この年、1973年（昭和48年）3月8日㈭には、北九州市の済生会八幡病院火災（死者13人、負傷者3人）が発生している。昭和40年代には、病院やデパート、ホテル等の火災で多くの人々が犠牲となり、それは昭和50年代以降も続いた。次郎丸さんは、「消防が防火対象物の人命安全について世論をリードしなければならない」と感じていた。「ホテルや旅館は誰もが安心して泊まれる、利用できる施設であってほしい」「できれば一般の方々がそのホテル等について安全かどうかを判断できる目安が欲しい」とも考えていた。その当時すでに、適マーク制度のアイデアそのものは存在していたのだ。

次郎丸さんたちは、現場の各消防本部の意見や考え方、実情を把握するために、精力的に全国消防長会の事務局とも意見・情報交換を行ったという。

次郎丸さんが入庁した昭和39年から約10年間について紹介したが、昭和40年代は建物火災の大惨事が相次いだ時期でもあった。また、昭和46年4月27日㈫の広島県呉市で発生した林野火災では、18人もの消防職員が殉職している。

次郎丸さんは、大火災から大地震、危険物による爆発までさまざまな大災害、大惨事の現場に臨場した。その実体験を踏まえて次郎丸さんは、「消防の業務は国民の安全に直結している。いわば国民のいのちと安全を預かっている」と感じた。「国民のいのちを守り、暮らしの安全と安心をより一層強化なものにするのが消防の使命」と自らに言い聞かせ、ときには建設官僚と意見を戦わせ、消防行政の最前線を担ってきた。

当時は、火災により多くの犠牲者が出た後で、国会でも取り上げられた。その結果として、47年大改正や49年大改正が行われたことから、「人柱《ひとばしら》行政」と揶揄《やゆ》されることもあった。だが、次郎丸さんたちは、限られた人員と権限のなかで消防庁の一員として矜持を持って業務を遂行してきた。次郎丸さんは、結婚したものの、その新婚生活は一般の夫婦像からはかけ離れたものであった。彼の父親同様、朝は朝星、夜は夜星の仕事漬けの日々であった。彼はその間に消防官僚としての覚悟と見識を深めていったのだが、それ以降も大火災、大災害がやむことはなかった。

消防法における消防用設備規制の変遷（次郎丸さんの著作等の要約）

世界の動きとしては、１９７５年（昭和50年）は7年間にわたるベトナム戦争が終結した年であった。この年の８月には、㈶日本消防設備安全センターが設立され、翌年の昭和51年11月には、危険物保安技術協会が設立されている。

次郎丸さんは１９７６年（昭和51年）５月、消防庁予防救急課設備係長兼規格係長に就任し、さらに同年10月には消防庁予防救急課設備専門官となった。次郎丸さんはこのようなポストに就《つ》いたことで、特に消防用設備規制の変遷に精通した消防庁生え抜きの技官となった。

次に、次郎丸さんが執筆した「消防用設備規制の変遷」の一部をダイジェスト版でご紹介し、消防設備規制の面からみた予防行政の推移について理解を深めたい。

戦後におけるわが国の消防の基本となった消防法（以下「法」という。）は、昭和23年

7月24日に公布された。その内容は、火災予防に関する規制、危険物、消防設備等に関する規制等で、基本事項は法律で定め、具体的規制等は市町村条例に委《ゆだ》ねたため、国は火災予防条例に定める必要がある事項を「火災予防準則」として示した。ところが、その当時、条例を制定した市町村は全体の57パーセントのみで、その条例規定も実行が伴わない等の課題が指摘されていた。その後、昭和35年7月2日に法の一部が改正され、消防用設備等の設置義務対象となる建物の用途、設置すべき消防用設備等の種類及びその数量、設置維持の方法などについて法施行令（以下「政令」という。）で定めたことから、全国一律の規制がスタートした。その当時から、「不遡及・遡及の明確化（法17条の2及び法17条の3関係）が謳われていた。消防用設備等のうち、消火器、避難器具等簡易なもの以外は既存不遡及であり、例外的な「既存遡及」の事由としては、①従前から違法であった場合、②大規模な工事に伴う場合等は原則に立ち返って、本来適用されるべき法令を適用することとされていた。

防火対象物の用途区分は、政令の制定により明確にされ、その後は、社会事象の変化等に応じてたびたび、用途区分の見直しが行われ今日に至っている。

1965年（昭和40年）に法が改正され消防設備士制度が創設された。その背景としては、消防用設備等の設置工事及び整備業務の多くが、極めて粗雑あるいは不適切に行われていた状況を改善するため、新たに一定の知識及び技能を有する者に担当させるべく消防設備士の制度を設けることとなった。ところが東京都では消防設備士制度に先駆けて条例で規定化されていたために、建築士関係の業界の非常な反対があった。建築基準法に建築物の設計ということが建築士の任務として規定されており、この「設計」があたかも建築士の専売特許のごとく使用され、これが争点となり、消防設備士制度そのものの存廃《そんぱい》にも関わる議論がなされた経緯がある。消防設備士が工事をする以上、消防用設備等についての実施設計が含まれると解釈された。建築士は建築物全体の設計であり、「設計」という文字が建築基準法にいう建築士の仕事として位置付けられていることから、誤解のないように消防設備士からは「設計」という文字は落とされた。しかし、次郎丸さんによれば、工事の概念として消防用設備等の工事には、実施設計が含まれる。また、制度創設の当初は、消防用設備等の工事についてのみ消防設備士の業務独占とされていたが、整備についても同様となり、その後も講習制度の導入や点検業務への活用、甲種特類の導入など、その充実強化が図られている。１９６３年（昭和38年）には建築基準法が改正され、容積地区の概念が導入され、当該地区においては高さ31メートルを超える建築物の建築が可能となった。従来の高さの限度は31メートルであった（「建築物の１００尺規制」といわれていた）。

　建築基準法の改正を受けて、昭和39年には政令および規則が改正され、高層建築物に対する消防用設備等の設置の強化が図られた。高さ31メートルを超える建築物の火災に対して、建築物の内部からの完全鎮火を旨とし、初期消火及び完全避難に重点を置き、さらに臨機応変の消防活動を可能ならしめることに配慮した規制であった。超高層建築物として、昭和43年に霞が関ビル（高さ１５６メートル、階数36）が初めて建築され、さらに地下街についての建設計画も出始めていた。昭和42年の消防審議会の答申なども踏まえて、

次郎丸さんの経歴・主な災害と消防法の変遷等の年表②（昭和50年～平成10年）

年月	経歴　主な災害と消防法の変遷など
昭和50年（1975年）８月	㈶日本消防設備安全センターの設立
昭和51年（1976年）５月 10月 11月	消防庁予防救急課設備係長兼規格係長 消防庁予防救急課設備専門官 危険物保安技術協会の設立
昭和52年（1977年）９月	消防庁予防救急課設備専門官兼課長補佐
昭和53年（1978年）３月 11月	10日　今町会館ビル（スナック「エル・アドロ」）火災（新潟市） 防炎対象物品としてじゅうたんが追加 【消防法施行令の一部改正】
昭和54年（1979年）７月 11月	11日　東名高速道路日本坂トンネル火災（静岡県焼津市・静岡市） ＩＳＯ／ＴＣ21国内対策委員会の設置 ＩＳＯ／ＴＣ21フェニックス（アメリカ）会議出席
昭和55年（1980年）８月 11月	16日　静岡駅前ゴールデン街ガス爆発火災（静岡市） 20日　川治プリンスホテル火災（栃木県藤原町）
昭和56年（1981年）１月	準地下街に対する規制の新設 【消防法施行令の一部改正】 地下街等に対するガス漏れ火災警報設備の義務付け 【法施行令の一部改正】 「適マーク」制度の全国一斉実施（旅館・ホテル）
昭和57年（1982年）２月 11月	８日　ホテルニュージャパン火災（東京都千代田区） 消防庁救急救助室長
昭和58年（1983年）５月	危険物保安技術協会調査室次長
昭和59年（1984年）４月 ８月	危険物保安技術協会総務企画部次長・企画課長事務取扱 少量危険物タンク試験確認業務開始
昭和60年（1985年）７月	灯油用ポリエチレン缶試験確認業務開始
昭和61年（1986年）２月 ５月 12月	放電加工機試験確認業務の開始 消防庁地域防災課長 新設等の計画の届出に係る審査事務の簡素合理化
昭和62年（1987年）５月 ６月	東京電力㈱大井火力発電所タンク爆発火災（東京都品川区） 消防庁危険物規制課長
昭和63年（1988年）４月 ５月	全国危険物安全協会の法人化 危険物の指定方法の抜本的見直し（危険物の定義の明確化、試験による判定方法の導入等） 【消防法の一部改正】

12月	製造所等の技術上の基準等の抜本的見直し（危険物の危険性や施設の形態に応じた技術基準の整備） 【危険物の規制に関する政令等の一部改正】 給油取扱所の定義の見直し 【危険物の規制に関する政令等の一部改正】
平成元年（1989年）11月	危険物データベースの構築
平成２年（1990年）５月 ６月 ７月	26日　第一化成工業㈱工場爆発炎上火災（東京都板橋区） 危険物安全週間の創設 消防庁予防課長
平成３年（1991年）３月	住宅防火対策推進に係る基本方針の策定 アナログ式感知器に係る規格省令の改正 交換式消火器に係わる規格省令の改正
平成４年（1992年）６月 ７月	木造３階建て共同住宅の解禁 【建築基準法の改正】 消防庁審議官
平成５年（1993年）７月	ハロンバンク推進協議会設立
平成６年（1994年）２月	ハロンバンク推進協議会業務開始
平成７年（1995年）１月	消防庁消防研究所長 17日　平成７年（1995年）兵庫県南部地震（阪神・淡路大震災）M7.3
平成８年（1996年）１月	「阪神・淡路大震災の記録（消防庁編）」の刊行 消防研究所ＶＳＡＴ局運用開始
平成９年（1997年）４月	「消防防災機器の開発等及び消防防災科学論文に関する消防庁長官表彰制度」の創設 消防研究所研究評価委員会の設置
平成10年（1998年）３月	エネルギー物質の危険度評価に関する国際ワークショップ（ＩＷＳ）の開催 退官

退官後の経歴

平成10年（1998年）５月	㈶日本防炎協会理事長
平成14年（2002年）２月	危険物保安技術協会理事長
平成18年（2006年）11月	危険物保安技術協会特別顧問
平成20年（2008年）５月	平成20年春の叙勲にて「瑞宝中綬章」を受賞

昭和43年には法が改正され、高層建築物及び地下街に係る防火管理体制の充実・強化が図られるとともに、カーテン、どん帳などについて「防炎性能の義務付け」が新たに行われた。消防用設備等については、１９７４年（昭和49年）には昭和40年代後半に発生した火災の教訓を踏まえ既存の特定防火対象物に対する遡及が規定化された。その後、２００３年（平成15年）に法改正がなされ、消防用設備等の技術上の基準に性能規定を導入するための規定の整備が行われた。このように消防設備規制は、火災予防と火災時の人命安全の万全を期するため充実強化が図られるとともに、併せて防火管理体制と避難施設の充実強化が図られてきた。

防炎規制とＩＳＯ（国際標準化機構）の専門委員会への参加

１９７６年（昭和51年）５月、次郎丸さんは予防救急課設備係長兼規格係長に就任、次いで10月には同課設備専門官に就任している。予防関係では、設備関係と危険物関係が大きな柱であり、自治省消防庁の10年選手となった次郎丸さんは消防用設備等の基準作り等を行う専門職となり、その翌年の昭和52年には設備専門官兼課長補佐を拝命している。

消防用設備等の規制の第一人者となった次郎丸さんだが、予防行政のもう一つの柱でもある「危険物規制」については、後年、１９８７年（昭和62年）には危険物規制課長を拝命していることから、次郎丸さんの場合には、消防庁の生え抜きの技官であると同時に予防分野全般に通暁《つうぎょう》した文字どおりのスペシャリストでもあった。

国松ビル火災

昭和51年12月4日(土)、東京都墨田区の国松ビルの火災（死者6人、負傷者2人）が発生した。4階建て雑居ビル2階の階段踊り場から出火し、3階のサロン「歌麿」に延焼した。この火災は、じゅうたん等を防炎対象物品に加えた政令の一部改正の背景となった火災の一つであった。

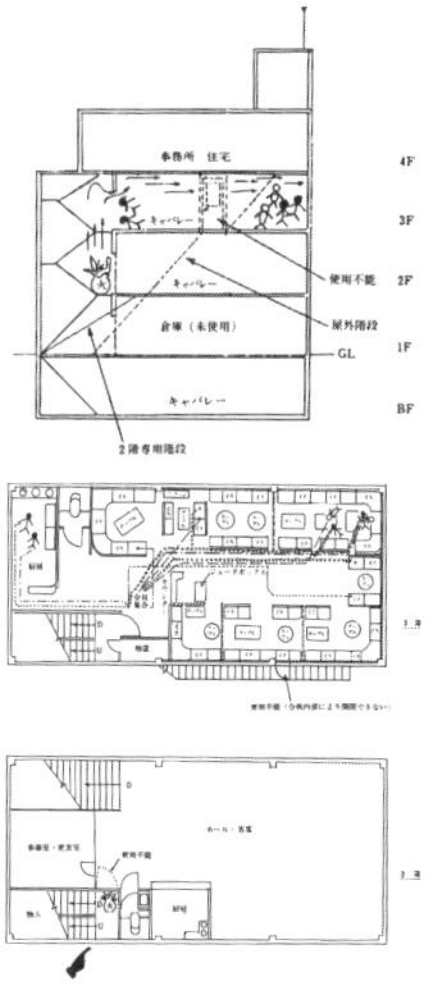

1978年（昭和53年）11月には、政令の一部改正により、防炎対象物品としてじゅうたんが追加されている。火災の延焼媒体となりやすいカーテンやどん帳だけではなく、じゅうたん等も含めて総合的な規制が行われた。同年11月には、ISO／TC21（国際標準化機構／消防機器の専門委員会）の国内対策委員会が設置された。TC21は、消火器や感知器等などの国際規格を審議する専門委員会であり、同年、次郎丸さんは消防機器の性能、構造などについて協議するため、アメリカのフェニックスで開催されたISO／TC21の会議に出席した。

ゴールデン街ガス爆発事故とガス漏れ警報設備

１９８０年（昭和55年）は、ガス爆発火災と史上最悪のホテル火災が相次いで発生した年であった。

お盆の最中、静岡県静岡市でガス爆発事故が発生した。次郎丸さんにとっては、忘れることのできない災害であった。それまでガス設備器具は通産行政の範疇《はんちゅう》であり、消防庁が口出しできない領域であったという。

この爆発火災を契機として消防用設備等にガス漏れ火災警報設備が追加された。

静岡駅前ゴールデン街ガス爆発事故

昭和55年8月16日(土)、静岡駅前地下街ゴールデン街にある地上6階地下１階建ての第一中央ビル地階の飲食店でガス爆発が起きた。この爆発の直後、午前9時56分頃、現場検証中に二次ガス爆発が発生し、半径１００メートルの範囲に大きな被害を与え、さらに火災が発生し、死者15人、負傷者２２３人の大惨事となった（死傷者の中には、消防職団員の死者５人、負傷者30人が含まれている）。

右記のガス爆発火災を受けて自治省消防庁では、火災後ただちに全国の地下街等の一斉

点検を行い、さらに昭和56年1月に政令を改正し、令別表第1に（16の3）項の「準地下街」が追加された。「『準地下街』とは、建築物の地階（（16の2）項に掲げるものの各階を除く）で連続して地下道に面して設けられたものと当該地下道とを合わせたもの（⑴項から⑷項まで、⑸項イ、⑹項又は⑼項イに掲げる防火対象物の用途に供される部分が存するものに限る。）」

準地下街に対しては、共同防火管理、防災規制が適用され、消火器、スプリンクラー設備、自動火災保知設備など消防用設備規制に関しては、（16の2）項の地下街に準じた規制を行うとともに、新たにガス漏れ火災警報設備が追加された。

消防用設備等にガス漏れ火災警報設備が含まれたのは画期的なことであった。同設備については、一定規模以上の地下街、準地下街、特定建築物の地階への設置が義務化された。ガスの保安対策は通産行政の範ちゅうではあるが、ガス漏れによる爆発火災に出動し現場で活動するのは消防隊である。ガス漏れ火災警報設備が消防用設備に追加されたが、何の抵抗も反対もなく事が進んだわけではない。次郎丸さんも通産省との省庁間協議に参加した。

お互いの立場の違いは明らかではあったが、消防庁側は縦割り行政では国民のいのちを守れないとして、臆することなく災害予防と災害対応を担う消防の立場を貫き通した。

何よりも、災害現場で大勢の消防職団員が死傷している事実は重い。次郎丸さんたちは、現場の意見や提言を最大限、各省庁協議や法制局等との協議の場でも主張し続けた。

表示・公表制度創設の契機となった川治プリンスホテル火災

日本のホテル旅館火災史上、最大の犠牲者（死者45人）を出したのは1980年（昭和55年）11月20日(木)に発生した川治プリンスホテル雅苑《みやびえん》の火災であった。

川治プリンスホテル火災

昭和55年11月20日(木)15時15分、栃木県藤原町（現在は日光市）にある「川治プリンスホテル雅苑」の火災は、秋の行楽シーズン中に発生し、紅葉《もみじ》狩《が》りに来ていた東京の老人クラブ会員など45人が死亡した。全国展開しているプリンスホテルとは関係のない個人企業の経営であり、ホテルの実質的な経営者であった社長の妻で専務取締役の女性が、裁判では「管理権原者」と認定され実刑判決を受けた。

同ホテルのように法に違反する防火対象物に対する違反是正の手段は、法令上の是正措置をとるだけでは十分ではない。違反是正を進める一方で、利用者の方々に防火対象物の実態を知らせる必要があり、画期的な「表示・公表制度（適マーク制度）」が誕生することとなった。

この川治プリンスホテル火災が契機となり、1981年（昭和56年）5月15日、消防庁次長通知に基づき「表示・公表制度（適マーク制度）」が実施された。この制度は、旅館、ホテル等に係わる防火安全対策を推進するために消防機関が確認・審査し、基準に適合する施設に対して「適マーク」を交付するものであった。一定の防火対象物（旅館やホテルの場合は、収容人員30人以上で、階数が3階以上あるもの）のうち、防火安全基準に適合している施設に対しては「適マーク」が交付・表示され、一方、措置命令に応じない悪質なものはその旨を公表するという内容であった。この新制度も、ホテル、旅館等を抱える観光地の消防本部にとっては、消防行政を進める上では難しい側面もあった。また、この適マーク制度は関係各省庁協議で全面的に賛成が得られたわけではなかった。しかし、「大勢の人々が火災で犠牲になっている以上、賛成も反対もない、消防がやると言ったらやる」という強い思いが「表示・公表制度（適マーク制度）」実現の原動力となったのは確かであった。

なお、実施にあたっては、消防行政と建築行政が相互に協力して普及推進に努めた。

適マーク制度の浸透に影響したホテルニュージャパン火災

昭和56年に創設された前述の適マーク制度が、全国的に認知されるようになったのは、皮肉なことにその翌年、東京で発生したホテルニュージャパン火災の影響が大きかった。

ホテルニュージャパン火災

昭和57年2月8日(月)未明に、東京の千代田区永田町のホテルニュージャパンで火災が発生し、宿泊客33人が死亡、負傷者34人を出す大惨事となった。

ホテルニュージャパン火災では、管理権原者の横井英樹社長が杜撰な防火管理体制の下に経営を行い、関係法令を無視し、防災教育訓練を怠《おこた》り被害を拡大させたとして業務上過失致死傷罪により禁錮3年の実刑判決を受けた。

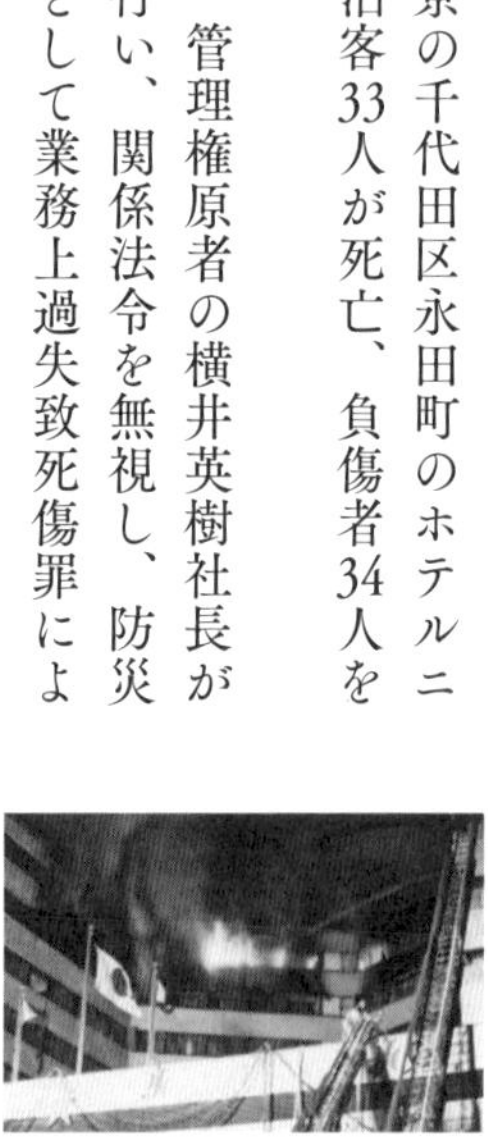

昭和55年11月の川治プリンスホテル火災を契機として発足した適マーク制度は、すぐに国民に認識されるようになったわけではなかった。ところが、ホテルニュージャパン火災が発生すると、その教訓から表示・公表制度が広く一般にも浸透することとなった。

その結果、昭和57年3月末にはほぼ全国的に適マークの交付が進んだ。

さらには昭和63年3月には、同制度の対象用途が劇場、デパートなどに拡大された。

ここで、表示・公表制度（適マーク制度）のその後の変遷について触れたい。２００１年（平成13年）９月に発生した東京・新宿区の歌舞伎町ビル火災（明星56ビル、死者44人）を契機として、大規模な特定防火対象物及び特定1階段等防火対象物の防火管理の徹底を図るため、「防火対象物点検報告制度」が創設された。また、同点検報告制度の対象とならない旅館・ホテル等を対象とした「自主点検報告表示制度」が平成15年10月1日から新たに導入された。これに伴い、これまで通知に基づいて実施されていた「適マーク制度」は同年９月30日をもって発展的に廃止された。現在では、防火対象物点検を行った防火対象物が点検基準に適合している場合には「防火基準点検済証」を、消防長または消防署長の特例認定を受けている場合には、「防火優良認定証」を表示することができる制度がある。また、東京消防庁のように、独自に「優良防火対象物認定・表示制度」を設けて、火災に強い安全・安心な建物であることを認定・表示する制度もある。

救急分野も担当した次郎丸さんと平成までの間のキャリア

次郎丸さんは、ホテルニュージャパン火災の発生した同年、昭和57年の11月には、消防庁救急救助室長に就任した。消防庁入庁から18年間、予防一筋であった次郎丸さんにとっては、新たな挑戦であったことだろう。そのポストの座り心地については聞き漏らしたが、幸か不幸かそれから半年後の１９８３年（昭和58年）５月には、危険物保安技術協会に出向して調査室次長をつとめ、さらに昭和59年４月には同協会総務企画部次長・企画課課長事務取扱を拝命している。同協会に出向した当時、少量危険物タンクと灯油用ポリエチレン缶の試験確認業務が開始された。また、昭和61年には放電加工機の試験確認業務も行われたことから危険物保安技術協会の業務範囲拡大等に、持ち前のチャレンジ精神を発揮していたのだろう。

１９８６年（昭和61年）５月には消防庁に復帰し、地域防災課長に就任した。同年には、石油コンビナート等災害防止法（昭和50年、法律第84号）に基づく新設等の計画届出に係る審査事務の簡素合理化に取り組んでいる。その翌年、昭和62年５月には、東京都品川区にある東京電力㈱大井火力発電所でタンク爆発火災が発生している。次郎丸さんは、その直後の６月には危険物規制課長に就任している。昭和63年は危険物規制課長の立場で仕事に追われた年でもあった。同年４月には、危険物関係の組織についても制度改正により、全国危険物安全協会が法人化された。また、国際的な流れの中で危険物関係の基準の見直しが続き、法の一部改正により、危険物の指定方法の抜本的見直しが行われた（危険物の定義の明確化、試験による判定方法の導入など）。さらには、危険物の規制に関する政令などの一部改正により、製造所等の技術上の基準等の抜本的見直し（危険物の危険性や施設の形態に応じた技術基準の整備）や、給油取扱所の定義の見直し等が行われた。

元号が変わり１９８９年（平成元年）には、危険物データベースの構築作業に着手している。

平成2年から定年退官（平成10年）までの業務について

この時期は、次郎丸さんの消防人生の集大成であり名実ともに実りの時期であったのかもしれない。危険物規制課長として３年目を迎えた１９９０年（平成2年）5月26日㈯、東京都板橋区にある第一化成工業㈱の工場で爆発火災が発生した。6月には「危険物安全週間」が創設されたが、危険物施設等の業界としても問題点を出し合って安全対策の底上げを図ってもらうことが目的であった。当然、危険物規制課長の立場で、石油関係や危険物施設関係の業界団体に働きかけ、安全対策の強化キャンペーンを主導したことは言うまでもないことだろう。同年7月には、予防課長を拝命し、住宅防火対策推進の基本方針の策定に関わり、アナログ式感知器や交換式消火器の規格省令の改正を担当している。

このときにも全国消防長協会や各消防本部、関係業界の方々とは、事前の相談や意見調整、協力関係構築のために折衝を重ねている。平成４年７月には、技官として初めて消防庁審議官に登用された。

それまでは、事務官が審議官に就任することはあっても技官が指定職の審議官に昇格することはあり得なかった。１９７４年（昭和49年）、アメリカのカリフォルニア大学ローランド教授らのグループにより、フルオロカーボンによるオゾン層破壊説が発表された。

その後、１９８５年（昭和60年）には、「オゾン層保護のためのウイーン条約」が採択され、１９８７年には、カナダで「オゾン層を破壊する物質に関するモントリオール議定書」が採択され、1994年（平成6年）1月には先進国ではハロン生産が全廃となった。1991年（平成3年）8月には「ハロゲン化物消火設備・機器の使用抑制などについて」と題する消防庁通知が発出され、1993年（平成5年）にはハロンバンク推進協議会が設立され、平成6年から消火剤としてのハロンのリユースを進める協議会の活動がはじまった。

やがて1995年（平成7年）1月に次郎丸さんは消防研究所長に就任、奇しくもあの阪神・淡路大震災が発生したときでもあった。

兵庫県南部地震（阪神・淡路大震災）

平成7年1月17日㈫午前5時46分頃、淡路島北端付近を震源とするマグニチュード7・3の兵庫県南部地震（阪神・淡路大震災）が発生した。その被害は、死者6、434人（行方不明者3人）、負傷者4万3、792人、家屋全壊10万4、906棟と甚大であり、地震発生後293件の火災が発生し、その焼損面積は合計で83万5、858平方メートルであった。

消防研究所（当時）では、大災害時の情報伝達の基盤となる情報通信ネットワークの耐災害性強化のため必要な衛星通信ネットワークを構築可能とする小型地球局（VSAT）の運用を開始している。次郎丸さんは同研究所長在任中、平成8年には「阪神・淡路大震災の記録（消防庁編）」を刊行し、平成9年には「消防防災機器の開発等及び消防防災科

学論文に関する消防庁長官表彰制度」を創設、また消防研究所研究評価委員会を設け、１９９８年（平成10年）３月には「エネルギー物質の危険度評価に関する国際ワークショップ（ＩＷＳ）」を創設したのを置き土産に定年退官の日を迎え、34年の輝かしい消防人生に別れを告げた。

なお、次郎丸さんが退官された当時、消防庁は自治省の外局であったが、退官後の２００１年（平成13年）１月６日、中央省庁再編により、消防庁は総務省の外局となった。

同年の４月１日、消防研究所も分離し、独立行政法人消防研究所に改組された（平成18年３月からは総務省消防庁消防研究センターと改称された。）

退官後も消防行政を支援し続ける

次郎丸さんは退官した１９９８年（平成10年）の５月には、㈶日本防炎協会理事長に就任し、平成12年５月、品質マネジメントに関する国際規格であるＩＳＯ／９００１の認証の取得・登録を行った。また、21世紀ミレニアムプロジェクト・消火器・防炎物品リサイクル推進委員会の委員長に就任している。

その後、２００２年（平成14年）２月には危険物保安技術協会理事長に就任し、在任中には危険物等事故防止技術センターを設置し、危険物事故防止対策論文表彰制度を創設した。平成15年９月26日㊎の十勝沖地震では、北海道苫小牧市の出光興産㈱北海道製油所で

２回にわたって屋外タンクの全面火災が発生し、このタンク火災が契機となり、平成17年には、屋外貯蔵タンクの浮き屋根の審査及び技術支援業務を開始している。また、石油コンビナート等災害防止法による危険物施設の防災管理者・副防災管理者研修会、泡消火設備の一体的点検講習会、リスクアセスメント講習会の業務を開始した。

次郎丸さんはその後、危険物保安技術協会の理事長職を退任後も同協会特別顧問や他の組織の顧問として、今も変わることなく、培った知見をもとに幅広い分野において助言・指導を続けている。

次郎丸さんは２００８年（平成20年）、その永年の卓越した指導と消防行政功労により、春の叙勲において「瑞宝中綬章」を授与される栄誉に浴している。その叙勲祝賀会には、かつて消防庁在任中に次郎丸さんに指導を受けた全国各地の消防幹部もお祝いに駆け付けた。

瑞宝中綬章叙勲受章パーティーで

各消防本部からの研修生と「次郎丸学校」

総務省消防庁には、全国各地の消防本部から将来の幹部候補生が研修生として派遣されている。通常は2年ほど在籍し、消防を取り巻く課題や災害状況に触れ見聞を広めて元の消防本部に復帰することになる。予防部門の研修生の中には、通称「次郎丸学校」の門下生となり、次郎丸さんの薫陶を受けた方々も数多い。次郎丸さんは「予防は大事だ」という。予防行政の充実強化なしに国民の安全・安心は守れないからだ。

次郎丸さんはお酒が一滴も飲めない。その次郎丸さんの帰宅は午前2時、3時という強烈なものであった。消防庁入庁以来、悲惨な建物火災や大規模な危険物火災が相次ぎ、矢継ぎ早に現場に飛び出すことも多く、その現場に立つことで理解し実感できたことも多かった。

次郎丸さんは「在任中は、人々との出会いに恵まれました。東京消防庁をはじめ各消防本部の方々に相談にも乗ってもらいました」と語る。現場を熟知した人々の意見や情報を大切にすることを自分に言い聞かせ、「その時々にやるべきことをやってベストを尽くす」ことを身上としてきた。また、各消防本部の方々の意見や提案を大事にしたいと考え、その場では聞き流しているような印象であったとしても、彼らの意見や提言を大事に温め、実現できるものは実現するために努力を惜しまなかった。

次郎丸さんは、現場の人々から寄せられたご厚意やご

通称「次郎丸学校」の門下生たちと親睦ゴルフ（前列中央）

支援ご協力に対する感謝の気持ちを忘れてはいない。筆者の取材中にも繰り返し御礼のことばを述べていた。

消防の予防行政の指揮官としての想いは深い

次郎丸さんは、経済的負担や社会的影響力の大きな法令改正は世論の後ろ盾なしには一歩も進められないと考えている。また、法令改正だけが防火対象物の安全強化対策ではない。

１９８０年（昭和55年）、栃木県の川治プリンスホテル火災後に表示・公表制度（適マーク制度）が具体化した際には、反対意見もあった。全国消防長会でも対応困難なこともあったが、次郎丸さんは同会等の理解と支援・協力によって、同制度の実施にこぎつけた。

話は変わるが、次郎丸さんは短期間ではあったが救急救助部門も担当した。救急活動には苦労も多いが、国民の生命身体に直結した業務である。その苦労を理解した上で、それでも「消防が救急業務をやっていて良かった」と実感している。消防の全活動は国民のいのちに直結しており、24時間無休だからこそ国民の信頼と負託に応えることができる。

次郎丸さんは、後輩の消防職員たちに「国民が困ったとき助けるのが消防であり、国民のための消防なのだから自信をもってやって欲しい」と述べている。次郎丸さんは、既存遡及の問題をはじめとして、「やればできるじゃないか」と思えることが多かったという。

「消防は国民のいのちを預かっている」。この言葉は、次郎丸さんが繰り返し強調した言葉であった。消防は国民からそのいのちを預かっている。その国民の信頼と負託に応えるため、消防官僚の立場で最大限、国民の立場と視点に立った消防行政を展開し、時代のニーズに対応し消防法令の改正にあたってきた。

消防一筋に、その人生を捧げてきた次郎丸誠男さんは予防行政の大先達であり、伝説上の消防人として、ご意見番として、80代の現在も後進の育成指導に努めている。

【引用文献】

消防法における消防用設備規制の変遷、次郎丸誠男
消防研修第86号、特集「消防用設備の規制」、平成21年度、消防大学校

【著者略歴】

加藤 孝一

（かとう こういち）


秋田県出身、法政大学法学部卒業、筑波大学大学院修士課程修了。

東京消防庁の海外研修生として英国とドイツに派遣された。東京消防庁広報課報道係で報道業務担当。各消防署では主に予防行政や広報、地域防災を担当。消防署の副署長、警防課長、予防課長として勤務。

元早稲田大学非常勤講師。東京都港区防災アドバイザー。防災士。

公益社団法人東京ビルメンテナンス協会警備防災委員兼講師。一般財団法人消防防災科学センター講師、有限会社モガミファイヤー21顧問。近代消防社特任記者。

災害危機管理アドバイザー。消防・防災に関する講習、講演、執筆で活動中。

音楽、映画、川柳愛好家でビール党。連絡先：kmk3813@ozzio.jp

★月刊誌に連載中の記事
「消防心理学トピックス」（月刊消防）東京法令出版
「目覚ましコラム」（設備と管理）オーム社
「シリーズ・消防人の群像」（近代消防）近代消防社

★著書
「災害エッセイ　ある消防官の見聞録」近代消防社

★監修本
「防災減災119」（蝶野正洋　企画・発案）主婦の友インフォス
学研のえほんずかん（しょうぼうずかん）Gakken

燃えて生きる

消防人のライフヒストリー　1

2023年（令和5年）9月30日　第1刷発行

著　者―加藤　孝一　©二〇二三

発行者―三井　栄志

発行所―近代消防社

〒一〇五―〇〇〇一

東京都港区東新橋一ノ一ノ一九（ヤクルト本社ビル内）

TEL　〇三―五九六二―八八三一（代）

FAX　〇三―五九六二―八八三五

URL=https://www.ff-inc.co.jp

E-mail=kinshou@ff-inc.co.jp

振替＝〇〇一八〇―五―一一八五

印　刷―長野印刷商工

ISBN978-4-421-00979-8 C0095　定価はカバーに表示してあります。